西安市社会科学基金项目：西安"非遗+旅游"深度融合发展的动力机制与实践路径研究（纵 20240064）

非物质文化遗产系统性保护与发展创新研究

朱晓晴　著

西北大学出版社

·西安·

图书在版编目(CIP)数据

非物质文化遗产系统性保护与发展创新研究 / 朱晓晴著. -- 西安：西北大学出版社,2024.9. -- ISBN 978-7-5604-5499-3

Ⅰ.G122

中国国家版本馆CIP数据核字第2024UR9707号

非物质文化遗产系统性保护与发展创新研究
FEIWUZHIWENHUA YICHAN XITONGXING BAOHU YU FAZHAN CHUANGXIN YANJIU

朱晓晴　著

出版发行	西北大学出版社
地　　址	西安市太白北路229号　邮　编　710069
网　　址	http://nwupress.nwu.edu.cn　E-mail　xdpress@nwu.edu.cn
电　　话	029-88303059
经　　销	全国新华书店
印　　装	陕西向阳印务有限公司
开　　本	787毫米×1092毫米　1/16
印　　张	12.25
字　　数	207千字
版　　次	2024年9月第1版　2024年9月第1次印刷
书　　号	ISBN 978-7-5604-5499-3
定　　价	68.00元

如有印装质量问题，请与本社联系调换，电话029-88302966。

前　言

　　非物质文化遗产又称口头或无形遗产,与物质文化遗产和自然遗产相互依存。我国对非物质文化遗产的保护工作经历了渐进性的过程,从历史遗存的抢救保护、历史文化现象的挖掘整理,到历史文化传统的活态化传承,再到资源状态的保护与发展,有效地把握了非物质文化遗产保护与发展的规律,同时也实实在在地使众多的非物质文化遗产获得了保护,并使其能在今天继续散发魅力。

　　世间万物都是系统性的存在,人们可以利用系统论的观点去分析它们,并在分析它们的过程中找到其发展的规律。中国非物质文化遗产是中国人一代代传承下来的优秀文化,本身就是一个完整的文化系统。因此,充分认识非物质文化遗产本身的整体性、非物质文化遗产构成要素的层次性、非物质文化遗产对外在环境的开放性,以及非物质文化遗产文化基因的稳定性,对构建非物质文化遗产系统性保护体系具有重要意义。此外,以系统思维引领非物质文化遗产保护工作,是习近平新时代中国特色社会主义思想的重要体现,因此,系统理念与系统方法理应成为非遗保护实践的重要利器。

　　今天,非物质文化遗产系统性保护既是非遗科学保护的逻辑起点,也是非遗科学保护面临的全新话题,为学界所热烈探讨。即便如此,学界目前并没有给非物质文化遗产系统性保护做出明确的界定。研究对象主要限定在非物质文化遗产保护中各类发展议题和存在问题等系统要素、传承人的管理、非物质文化遗产活态传承等层面。这些研究强调某一个方面,展现的是非物质文化遗产的独立性,但并未从系统性出发详细探究非物质文化遗产保护问题。现在,学界应该积极梳理中国非物质文化遗产保护工作的成果,实现非物质文化遗产保护工作的系统性升级,从而全面地推进非物质文化遗产系统性保护工作的开展。

　　在非物质文化遗产保护工作面临新的机遇与挑战的情况下,非物质文化遗产系统性保护已经成为一个新的重要课题。笔者在总结前人优秀研究成果以及自身丰富教学经验的基础上，也对这一问题进行了探究。本书共分为七章。第一章介绍了非物质文化遗产及其保护的基础知识，主要包括非物质文化遗产相关概念阐释、特点、价值、意义与原则，解析了非物质文化遗产系统性保护问题，分析了中国非物质文化遗产保护面临的问题。第二章基本构建了非物质文化遗产保护的多样性研究体系，该体系主要包括传统表演艺术类遗产保护研究、民间工艺美术类遗产保护研究、传统制造技艺类遗产保护研究、民俗节庆礼仪类遗产保护研究与民间口传文化类遗产保护研究。第三章到第四章总结了非物质文化遗产保护的基本方式(生产性保护、抢救性保护、整体性保护与群体性保护)，明确了非物质文化遗产保护的多元主体及其在非物质文化遗产保护中的作用。第五章到第七章梳理了非物质文化遗产保护的路径，主要包括立法保护、数字化保护、文旅融合、活态化保护等路径。

  非物质文化遗产系统性保护工作既内容丰富，又非常复杂，因而要全面探究它并不容易。由于时间仓促以及笔者水平有限，书中不少观点可能存在不当之处，恳请各位读者批评指正。

目 录

第一章　非物质文化遗产及其保护概述 …………………………… 1
  第一节　非物质文化遗产的提出及相关概念阐释 ………………… 1
  第二节　非物质文化遗产的特点与价值 …………………………… 4
  第三节　非物质文化遗产保护的意义与原则 ……………………… 11
  第四节　非物质文化遗产系统性保护解析 ………………………… 17
  第五节　中国非物质文化遗产保护面临的问题 …………………… 22

第二章　非物质文化遗产保护的多样性研究 ……………………… 27
  第一节　传统表演艺术类遗产保护研究 …………………………… 27
  第二节　民间工艺美术类遗产保护研究 …………………………… 34
  第三节　传统制造技艺类遗产保护研究 …………………………… 42
  第四节　民俗节庆礼仪类遗产保护研究 …………………………… 47
  第五节　民间口传文化类遗产保护研究 …………………………… 52

第三章　非物质文化遗产保护基本方式 …………………………… 55
  第一节　生产性保护 ………………………………………………… 55
  第二节　抢救性保护 ………………………………………………… 63
  第三节　整体性保护 ………………………………………………… 69
  第四节　群体性保护 ………………………………………………… 77

第四章　非物质文化遗产保护的多元主体研究 …………………… 81
  第一节　非物质文化遗产保护的政府保护 ………………………… 81
  第二节　非物质文化遗产社会化保护 ……………………………… 86

第三节　非物质文化遗产的学校保护 …………………………… 92

第五章　非物质文化遗产立法保护与发展创新研究 …………… 107
　　第一节　非物质文化遗产保护立法概述 …………………………… 107
　　第二节　非物质文化遗产保护立法理念、原则与方向 …………… 111
　　第三节　非物质文化遗产法律保护的不足与完善 ………………… 117
　　第四节　知识产权视域下的非物质文化遗产保护 ………………… 122
　　第五节　非物质文化遗产法律保护实例分析 ……………………… 127

第六章　非物质文化遗产数字化保护与发展创新研究 ………… 132
　　第一节　非物质文化遗产数字化保护概述 ………………………… 132
　　第二节　非物质文化遗产数字化保护的优势与特点 ……………… 138
　　第三节　非物质文化遗产数字化保护的策略 ……………………… 142
　　第四节　依托信息技术的非物质文化遗产保护 …………………… 145
　　第五节　非物质文化遗产数字化保护实践 ………………………… 155

第七章　非物质文化遗产保护与发展创新其他路径 …………… 159
　　第一节　文旅融合 …………………………………………………… 159
　　第二节　影视手段 …………………………………………………… 166
　　第三节　活态化保护 ………………………………………………… 173
　　第四节　与动漫产业融合 …………………………………………… 179

参考文献 ……………………………………………………………… 185

第一章 非物质文化遗产及其保护概述

梳理非物质文化遗产及其保护的基本概念,有利于相关主体奠定理论基础,进而推进非物质文化遗产保护工作的实践进程。基于此,本章将分析非物质文化遗产及其保护的相关概念和问题。

第一节 非物质文化遗产的提出及相关概念阐释

一、非物质文化遗产的提出

2003 年联合国教科文组织通过的《非物质文化遗产公约》(以下简称《非遗公约》)第二条规定了非物质文化遗产的定义:"'非物质文化遗产',指被各社区、群体,有时是个人,视为其文化遗产组成部分的各种社会实践、观念表述、表现形式、知识、技能以及相关的工具、实物、手工艺品和文化场所。这种非物质文化遗产世代相传,在各社区和群体适应周围环境以及与自然和历史的互动中,被不断地再创造,为这些社区和群体提供认同感和持续感,从而增强对文化多样性和人类创造力的尊重。在本公约中,只考虑符合现有的国际人权文件,各社区、群体和个人之间相互尊重的需要和顺应可持续发展的非物质文化遗产。"①

二、非物质文化遗产的要素

具体来说,非物质文化遗产包括各种民族传统和民间知识,主要包括以下几个方面:口头传统和表现形式,包括作为非物质文化遗产媒介的语言;表演艺

---

① 任思远,高梦.文化遗产保护与开发利用[M].天津:天津科学技术出版社,2023:12.

术;社会实践、仪式、节庆活动;有关自然界和宇宙的知识与实践;传统手工艺。①

从这个定义来看,非物质文化遗产是遗产的一部分,其范围非常广泛,主要包括四个要素。

第一,从"各种社会实践、观念表述、表现形式、知识、技能以及相关的工具、实物、手工艺品和文化场所"看,非物质文化遗产概念所指对象是文化遗产中的"文化"部分——"社会实践、观念表述、表现形式,知识、技能"和文化遗产中的"文化产物"部分——"相关的工具、实物、手工艺品和文化场所"。它强调非物质文化遗产以实践、观念、表现、知识、技能等方式存在。非物质文化遗产的一部分可以以非物质形态保存,其他部分本质上属于艺术和实践的非物质文化遗产,应当以一定的外在物质形态"固化"。

这里定义的非物质文化遗产不是这个遗产的"固化物"本身,而是"固化"过程。为此,《非遗公约》在强调上述形式后,增加了"相关的工具、实物、手工艺品和文化场所"等部分。需要注意的是,工具、实物、手工艺品和文化场所本身不是非物质文化遗产,而是非物质文化遗产所涵盖的技艺。从这个意义上说,即使这些物品具有物质性,也不影响非物质文化遗产的非物质性。它包括物质依托和无形依托,包括没有固定表现形式和固定表现形式的具有多种民族内涵的无形遗产。

第二,在定义"非物质文化遗产"这一概念的过程中,对其进行定义的主体包括某一个集体以及某些人。这表明,第一要素是有一定限制条件的。

第三,此定义认为非物质文化遗产是能够实现创新、获得发展的,并对其创新与发展的条件和过程进行了简要概括。另外,该定义还明确指出非物质文化遗产的创新与发展对于社区、群体、文化以及全人类的重要意义。这些都是对第一要素与第二要素的补充内容。

第四,该定义从多个角度对首要因素的范围加以限制,第一重范围限制是"顺应可持续发展",第二重范围限制是"各社区、群体和个人之间相互尊重的需要"。该定义是从广义与狭义概念角度对非物质文化遗产进行定义的。非物质文化遗产的狭义概念满足本定义中的全部要素要求,共有四大要素要求;非物质文化遗产的广义概念只满足本定义中的前三条要素要求。

2005年国务院公布的《国务院关于加强文化遗产保护的通知》(以下简称

---

① 黄松.世界遗产概览[M].上海:同济大学出版社,2021:271.

《通知》)定义了非物质文化遗产。也就是说,它是以无形的形式存在的,与大众生活密切相关的,代代相传的各种传统表现。口头传统、传统表演艺术、民俗活动和礼仪与节庆、有关自然界和宇宙的传统知识与实践、传统手工技能等,以及与上述传统文化表现形式相关的文化空间都包括在内。可见,《通知》对非物质文化遗产的定义与《非遗公约》非常一致。

三、非物质文化遗产的相关概念

(一) 文化遗产

拥有一定的文化保存价值是成为文化遗产的必要条件。文化遗产的别称包括文化财富、文化财产以及文化资产。文化遗产不能被随便界定,客观事物要经过国际组织或政府机构指定才能被称为文化遗产。中文在概念上分为"物质文化遗产"和"非物质文化遗产"。

(二) 物质文化遗产

《海牙公约》和《世界遗产公约》定义的文化遗产,无论是可移动的还是不可移动的财产,无论是文物、建筑群还是遗址,都是具有文化价值的实物遗存,属于国人习称的"文物"范畴。

中国现在使用的"文物"的概念基本上包括了《海牙公约》和《世界遗产公约》定义的遗产。它所指的一切客体都是物化、定型化的遗迹和人类遗留的实物,都是通过特定的物质载体而具有一定价值的物质财产。由于是实物文物和遗物,《中华人民共和国文物保护法》(以下简称《文物法》)根据其现存特征分为可移动文物和不可移动文物。不可移动文物还包括文物丰富的城市、街区和村落。根据《海牙公约》《世界遗产公约》的定义和《文物法》的规定,最早形成并流传于世界各地的"遗产"概念实际上是指物质文化遗产,与我国目前使用的"文物"概念基本相当。根据国务院《通知》的规定,物质文化遗产是具有艺术和科学价值的文物,包括古代遗址、古墓、古建筑、石窟寺、石刻、壁画、近代重要史迹和代表性建筑等不可移动文物,世界各时代的重要实物、艺术品、文献、手稿、图书资料等可移动文物。

(三) 无形文化遗产

在不同发展阶段,国家、民族或者区域都在文化层面上有一定的发展方向,是一定地域范围内人们共同拥有的精神特质。如果个体想了解某一地域或民族、国家等在某一历史发展阶段的精神传统,就应当将无形文化遗产作为重要的参考。

人这一主体因素对无形文化遗产的影响是巨大的,这一主体因素的消失会导致其所对应的无形文化遗产消亡。与无形文化遗产相对的概念是有形文化遗产。

(四)文化空间

作为一个专有名词,文化空间这一概念是非物质文化遗产保护工作开展过程中被提出、使用的,其主体为联合国教科文组织。文化空间主要用来指人类口头和非物质遗产代表作的心态和样式,可分为三个方面:一是特指按照民间约定俗成的传统习惯,在固定的时间内举行各种民俗文化活动及仪式的特定场所,兼具时间性和空间性;二是泛指传统文化从产生到发展都离不开的具体自然环境与人文环境,这个环境就是文化空间;三是作为一种表述遗产传承空间的特殊概念,可以用于任何一种遗产类型所处规定空间范围、结构、环境、变迁、保护等方面,因而具有更为广泛的学术内涵。①

文化空间作为一种特定的非物质文化遗产现象,核心是指一个具有文化意义和性质的物理空间、场所和地点。

第二节 非物质文化遗产的特点与价值

一、非物质文化遗产的特点

(一)传承性

遗产是人类前代遗留下来且被后代认为具有价值而享用或延续的财富。处于代际传承中的财富是遗产的本质,代际传承不仅显示了遗产特有的时间持

---

① 王宇,姜宇飞,张瑶,等.高校图书馆空间嬗变轨迹[M].北京:冶金工业出版社,2021:146.

续状态,而且也表明遗产所具有的特殊属性,那就是可传承性。非物质文化遗产的传承性,就是指其具有被人类集体、群体或个体一代接一代享用、继承或发展的性质。非物质文化遗产的传承性由其遗产的本质所决定。

作为遗产的一种属性,传承性不仅属于非物质文化遗产,也属于物质文化遗产,非物质文化遗产与物质文化遗产在可传承性上是有共性的。[①] 要认识非物质文化遗产在传承方面的特殊性,就不能不先认识其与物质文化遗产传承性方面的共性。

(二)独特性

人民群众是社会精神财富的创造者。在岁月历史长河中,特定地区、国家或民族的人民群众留下了珍贵的精神财富,其具体表现为艺术、礼仪、行为以及习俗等。这些精神财富都具有独创性以及鲜明的地方特色,是不可逆的,蕴含着人民群众的创造力。此外,非物质文化遗产渗透着当时人民群众的价值观与意识,人民群众将自身的情感与思想等熔铸其中。因此,对非物质文化遗产进行复制与再现是很难完成的。举例来说,民间剪纸艺术是中国非物质文化遗产的重要组成部分,蕴含着当时创造、制作剪纸的人民群众的智慧。民间剪纸艺术不仅在外形上具有良好的审美效果,还传递着一定的情感,体现了中国人民对美好生活的追求与期盼,其应用领域较为广泛。在民族发展过程中,特定的文化基因与传统都会对其产生深远影响。非物质文化遗产是一个国家或民族不断向前发展的精神纽带,能够为人民群众提供强大的精神力量,蕴含着民族与国家的发展智慧。从某种意义上来说,非物质文化遗产是一种记忆,遗忘是非物质文化遗产面临消亡的重要原因。因此保护国家记忆、民族记忆是保护非物质文化遗产的必然要求,相关主体应当通过各种方式强化大众的相关记忆,促使文化基因能够得到保护进而被完整继承。另外,这种独特性必须与独特的创造性相关联。

(三)动态性

非物质文化遗产蕴含着人类的智慧与情感,包含着技术因素、精神因素以

---

① 陈剑宇.基于非物质文化遗产保护理念的我国传统音乐传承与发展研究[M].长春:吉林人民出版社,2021:4.

及生命因素等,同时涵盖了人类的价值观。在人类发展过程中,非物质文化遗产是一定地域范围内人类传统、人类思维、人类智慧以及人类美学的重要来源。非物质文化遗产的传播需要借助一定的载体,对其价值的判断不能以其物质载体价值为准。非物质文化遗产的传承是动态的,相关主体需要借助特定的行为或语言对其进行传播。非物质文化遗产的表达过程也具有动态特征,比如戏曲、武术等。所有现有的无形价值都需要在自然、现实、互动中不断发展、变化、创新,需要持续运作和改变。也就是说,无形的具体价值观、生命形式和特殊性造就了无形的生命特征。

(四)流变性

非物质文化遗产的传播不仅包括其在本国、本民族内部的传播过程,还包括其在国际上的传播过程。在此过程中,人们接收有关信息进而认识、了解非物质文化遗产可能会通过三大渠道,即自主学习、受教育以及集体性学习。其中,自主学习指的是个体能动地了解相关信息,受教育指的是个体通过学校专门课程等系统、全面了解相关知识,集体性学习指的是同一组群内部开展的学习活动。不同类型的信息接收主体对非物质文化遗产的分析视角有所差异,其对非物质文化遗产的理解也就有所不同。某国人对某国非物质文化遗产的解读是按照他们的文化习惯与民族语境展开的。因此,非物质文化遗产在传播过程中具有显著的流变性。

(五)综合性

物质是意识的来源。作为一种客观存在,非物质文化遗产是在一定社会实践背景下形成的,是时代发展的产物,是对当时社会实践的综合映照。另外,非物质文化遗产的综合性还表现在其功能方面,其功能十分丰富,包括科学功能、教育功能、娱乐功能、观赏功能以及认知功能等。

(六)群体性

从非物质文化遗产的定义就可以看出,非物质文化遗产并非简单地可以归属于某个个体,非物质文化遗产的主体也不是单纯归属于国家,而是包含国家、各种组织以及单个的人,其主体涉及范围广,一般而言具有群体性,而很少仅仅归属某个人。因为非物质文化遗产具有传承性且一般已经固定下来容易获取,只要喜欢非物质文化遗产的个体愿意钻研,得到非物质文化遗产传承人的指点,是可以通过学习掌握非物质文化遗产的。非物质文化的产生同样有群体性的特点,在非物质文化遗产的创作过程中融入了群体智慧的结晶,尽管体现在外的形式可能我们仅仅发现是由某个个体创造的,但在其产生过程中往往是不自觉地结合了某个群体的鲜明特点,从而体现了产生过程的群体性。非物质文化遗产的产生和非物质文化遗产的传承,在实践中都与一定的群体相关,也依靠群体的力量发扬光大。故而,非物质文化遗产具有群体性特征。

（七）地域性

环境这一因素对非物质文化遗产的影响极大,尤其是对其形成过程。一般来说,非物质文化遗产通常形成于地域色彩极为浓厚的地区,在此区域内的人类行为与思想等也具有独特性。可以说,地域性不仅反映了非物质文化遗产的民族性,更增强了非物质文化遗产的民族性。

（八）非物质性

非物质文化遗产的主要特征是其非物质性,与物质文化遗产对应,其非物质性在于非物质文化遗产虽然表面上与物质相关,以非物质形态呈现的非物质文化遗产不仅将其着重于在精神方面和文化方面的创造性活动和传承性活动通过有形的物质作为它的载体,非物质文化遗产蕴含的主要精神价值也是通过物质形态来呈现的。例如,我们熟悉的昆曲,作为非物质文化遗产,我们看到的是演员化装以后在台上的演出、呈现的服装、唱腔,与其搭配的道具、伴奏、乐器等均是物质形态的依托,但通过物质形态的依托而向我们表达和向世界展示的价值层面却是包含了丰富的群体特色的文化内涵和价值观体系,这些体现了这个群体独特的文化和精神,这就是非物质文化遗产的非物质性特征。

二、非物质文化遗产的价值

（一）记忆价值

个体如果丧失记忆就会陷入迷茫、焦虑情绪,甚至会使自己深陷痛苦之中。个体对自己的认识是凭借以前的实践经历得来的,如果丧失了记忆,个体将不能有效完成对自己的评价。这一道理同样适用于一个民族、国家的成长。人类历史不仅是人类文明的见证,也是人类社会继续向前发展的重要依据。人类为了保存和研究自己的记忆,便产生了历史学。[①]

一般来说,人类主要通过两种方式将关于历史的记忆保留、传承下去,即史料记载以及口传心授。前者比较系统、完善,是对人类历史记忆的较为全面的记录,通常拥有文字、图像以及史迹等记忆载体;后者的概括性较强,其参与主体通常包括长辈与晚辈,是长辈将自己了解的历史传授给晚辈的过程。这两种方式下诞生的历史有正史与野史之分,史料记载方式下诞生的历史就是正史,口传心授方式下诞生的历史就是野史。正史拥有大量的参考依据,其学术研究价值较高,比野史更贴近历史事实。野史是时代发展的结果,其可能在继承过程中发生变化。另外,神话、传说等也在野史范畴内。与正史相比,人民群众接触野史的频率较高,野史的记录中心是百姓的生活。

在传说、史诗之外大量存在的非物质文化遗产如传统音乐、传统戏曲、传统舞蹈、曲艺、杂技与竞技、传统手工技艺、民间美术、传统医药、民俗等都是人类的记忆,它们共同构成了丰富多样且多层的人类记忆宝库。其中,有通过音乐、戏曲、舞蹈、美术、曲艺等形式展示的人类认识美、创造美的历史记忆,有通过杂技与竞技、传统手工技艺、传统医术等形式展示的人类技巧、技艺、医术发展的历史记忆,更有通过民间信仰、传统节日、传统仪式等形式展示的人类群体性、仪式性心灵活动的历史记忆;有家族的历史记忆,有族群的历史记忆,有地区的历史记忆,也有国家的历史记忆。

在社会实践进程中,主体不断从以往的实践中总结经验、吸取教训,以期推动未来实践活动的成功与进步。换句话来说,人类对事物的认识与记忆是谋求未来发展的重要参考依据。从这个角度分析,历史对人类社会的发展具有深远影响。这就要求人们尽量以客观、全面的视角分析与研究历史,不仅要重视对拥有客观物质载体的历史的分析与研究,还要重视对非物质形式的历史的分析与研究。非物质文化遗产是非常重要的非物质形式的历史记录,其具有生动的面貌、直观的表现形式等。从人类诞生到今天,用非物质文化遗产表达自己思想比用文字与物质文化遗产表达自己思想的人要多得多。

[①] 鞠月.中国传统工艺与非物质文化遗产的传承研究[M].长春:吉林科学技术出版社,2022:29.

(二) 审美价值

第一，非物质文化遗产中有大量的艺术作品，是历史上不同时代、不同民族的人民劳动和智慧的结晶，是按照当时审美风尚、审美标准创作的艺术品。它们能流传到今天，说明其审美水平和创造美的能力得到了历史上不同时代人们的认可、接受和欣赏，因而具有极高的审美价值，不仅值得今天的人们去认识、欣赏，还富有研究价值。

第二，非物质文化遗产中不仅口头文学、民间文学、表演艺术有审美价值，民族民间文化、社会习俗、服饰织染、红白礼仪等也普遍涉及美的内容，具有重要的审美价值。它们是不同地区、不同时代、不同民族的文化、艺术发展的活化石，反映和表现了不同民族杰出的艺术才能和天才创造，是这些民族乃至全人类值得骄傲的宝贵财富。因此，非物质文化遗产中的艺术资源是人类艺术之源，是不同民族的艺术、文化得以发展的土壤。

第三，非物质文化遗产中存储了大量的艺术创作原型和素材，为新的文艺创作和文艺创新提供了不竭的源泉。当代许多优秀的影视、小说、喜剧、舞蹈作品就是从中孕育而出的，它们很好地发挥了非物质文化遗产的审美再造功能，充分利用了其审美价值。例如，武术表演之所以引人入胜，其根本原因在于它所具有的视觉冲击力、艺术观赏性和带给人趣味与美好的审美体验。

(三) 学术价值

非物质文化遗产的学术价值表现在三个方面：第一，它是诸如历史学、艺术学、人种学、社会学、语言学、文学、民俗学、建筑学、工程学、工艺学、医学、体育学、舞蹈学、音乐学等学科的研究对象；第二，它为各门科学研究提供了丰富的研究材料；第三，它为各门具体科学研究提供了新的方法和思路。

非物质文化遗产的历史学价值在于对"正史""书面历史"进行补缺或者修正。对人类口传、行为文化历史的关注，对人类史前文化的关注，对人类弱势文化的关注，对文化历史与当下关系的关注，是人类历史观的进步，是历史学研究实践的进步。

非物质文化遗产的艺术学价值在于对原始艺术、民间艺术及其与专业艺术关系的重视是空前的，这使得艺术学研究目光不再局限于专业艺术领域而变得更为广阔，也使得艺术学研究更加切近艺术活动，也更具有科学的意味。

非物质文化遗产的社会学价值在于社会学所关注的制度文化、行为文化、民俗文化、原始社会等都是非物质文化遗产学所关注的范畴,非物质文化遗产特别关注的原始、民间文化及文化的集体、社会阶层性都对社会学研究具有重要的研究和指导意义。

非物质文化遗产的语言学价值:一是指语言多样性的价值,如濒危语言、稀有语言的科学价值;二是指无文字语言的语言学价值和"口头"价值;三是指不同语言所承载的不同民族文化的价值。

(四) 经济价值

非物质文化遗产具有广泛多样的社会功能和价值,其中也包括极大的市场开发价值,因此可以合理地开发其经济价值,发挥其现实功用。人类的文化资源是由文化产品发展而来的,人们储存文化产品不仅将其物质形式加以储存,同时还将其所蕴含的文化价值一并储存。随着时间的推移,文化资源的储存时间越长,其文化价值也会得到一定的提升。文化资源的价值主要体现在两个方面:一是文化产品本就具有一定的使用价值,二是文化资源凝结了一定时期某一地域范围内的人民群众的智慧。文化资本是由文化资源发展而来的,满足一定条件的文化资源才能成为文化资本。通常来说,文化资源归主体所有并能够满足主体的特定需求或者能够为主体带来经济效益时,文化资本就形成了。从本质上分析,文化资本就是文化资源在经济领域中的价值积累与实现。

人类社会进程不断推进,各个国家对文化的重视程度逐渐提高,国家文化已经成为国家实力的重要组成部分。国家加大文化宣传力度,推动本国文化走向世界,有利于提升本国发展实力。如今,随着人类生活水平的不断提升,人们的文化与精神需求不断丰富。开展文化遗产保护工作有利于满足现代人多样化的文化与精神需求,促使大众不断提高素质与涵养。因此,我国应当重视对非物质文化遗产的研究与保护,探究其文化价值在不同领域的具体表现,并实现非物质文化遗产在不同领域内的价值转化,助力非物质文化遗产成为我国文化产业领域的发展特色与优势。

在价值转换过程中,相关主体需要合理选用载体形式才能实现文化价值向经济价值的转化。非物质文化遗产的载体形式十分丰富,有工艺品,也有节目表演,还有展览、旅游等项目。载体选用的合理性直接影响着非物质文化遗产文化价值转化为经济价值的效率。

非物质文化遗产之所以具有丰厚的经济价值,是因为其自身具有遗存和经济双重价值。遗存价值能够保证非物质文化遗产不消亡,能够使非物质文化遗产在被研究、开发的前提条件下,将文化保护与经济发展相结合,使传统文化在现代社会中焕发新的生命力;而非物质文化遗产经济价值只有在遗产存活的条件下才能得以实现。非物质文化遗产作为一种文化资源,在一定条件下可以转化为文化资产,相关主体对非物质文化遗产的经济开发与利用要遵循一定的规律与原则。对非物质文化遗产的经济开发与利用不能盲目,相关主体首先要分析非物质文化遗产是否拥有将文化价值转化为经济价值的现实条件。相关主体对非物质文化遗产的合理经济开发与利用有利于推动其持续发展。

第三节 非物质文化遗产保护的意义与原则

一、非物质文化遗产保护的意义

(一)全人类视角下非物质文化遗产保护的意义

1.对人类社会具有全局意义

非物质文化遗产对于人类社会具有无可估量的价值,是世界各民族传统文化的智慧结晶和宝贵财富,并且还在持续不断的发展过程之中继续为人类社会和文明提供丰富的精神文化和物质文化的价值。

因此,保护非物质文化遗产的意义非同寻常,对于保证和促进世界不同民族、地域优秀的人类传统文化,对于维护人类文化的多样性,对于促进人类文明生态的可持续发展,对于进一步认识人类发展历程与未来发展的展望,对于充分发挥世界各国、各民族人民的想象力和创造力,对于促进各民族之间相互沟通、了解、协作等都具有重要的意义。尽管非物质文化遗产是某些民族的独特创造,但是对它的保护对人类社会的发展具有全局意义。

2.对人类社会具有历史意义

非物质文化遗产的一大特性是它属于一种活态文化,会不断受到人类社会结构与环境变化的影响。社会的飞速发展,使得非物质文化遗产赖以依存的文化生态、自然环境、生活习惯、审美意识等都受到强烈的冲击,会对它的持续发展和生存带来前所未有的挑战,有些甚至已经消失或濒临消失,而其一旦消失便不可再生。在社会主流文化强势发展的趋势下,很多非物质文化遗产是在一种文化弱势的夹缝中艰难生存。

非物质文化遗产的加速消亡,不仅仅是某个民族或族群的文化损失,也是对人类文明多样性的严重伤害,不仅仅是某个特定民族或族群的传统文化的消失,它也是某种特定文化基因的思维方式、生活方式、审美方式的消失,是被工业文明的粗暴碾压。我们知道,一个民族乃至整个人类文化传统是一个有机整体,其中某一个组成内容的突然消失,都会给整体带来混乱和失序,非物质文化遗产具有悠久的历史,它们深植于人类文明的根系之中,如果不对其进行保护,那么必然会动摇整体文明的健康。可以说,抢救和保护那些处于生存困境中的非物质文化遗产具有历史意义。

3.对人类文明的精神延续

非物质文化遗产与物质文化遗产同样具有传承人类精神文明的价值,但是两者又有所不同。物质文化遗产具有客观的存在形态,尽管其昔日的辉煌不再,但是可以时刻提醒着人们某种精神与文明曾经存在过。由此可见,物质的遗存并不能保证其真正延续,而非物质文明是一种活态的历史,它的存在本身就代表了某种文明的延续。一个民族的传统文明的延续,需要由物质形式的文化遗产与非物质形式的文化遗产共同承载和延续,它们都是人类伟大文明的结晶。这两者作为现存文化的记忆,物质文化遗产具有可见性,而非物质文化遗产具有活态流变性,两者互为补充,各有所长。用不同的方式保存和传达了它久远的文明记忆,延续着人类宝贵的精神血脉,留存着昔日令人神往的文化现场。

(二)国家视角下非物质文化遗产保护的意义

继承是创新的前提,创新是继承的必然要求。开展非物质文化遗产保护工作才能实现有效传承,进而便于相关主体不断创新非物质文化遗产,使其具有时代内涵。开展非物质文化遗产保护工作有利于保护文化多样性。在非物质文化遗产保护工作开展过程中,相关主体应当站在全人类的视角上分析问题,遵循世界性原则。

1.国际社会强调文化的全人类价值具有合理性

基于文化社会学视角分析,当今人类社会中的文化是在多重因素的影响下形成的。20世纪90年代以来,科学技术不断向前发展,人们借助互联网、信息化等技术手段拉近了彼此之间的距离。在相关信息技术的支持下,全球化进程不断向前推进,人类当代文化在信息化背景下有了更丰富的传播渠道、更多样化的传播方式,其形成机制也有所变化。信息技术的发展使世界范围内文化的共生共享成为可能,为其创造了有利条件。在网络世界中,不同国家的人能够实现即时交流与沟通,融合发展的趋势逐渐增强。拥有不同文化背景的人能够接收不同民族的文化信息,在其交流、互动的过程中,新的文化不断涌现。从这个角度来看,文化的融合发展与创新是必然的,拥有全人类价值是文化在现代社会背景下的一个重要特质。

基于文化哲学视角分析,人类文化所涵盖的范畴十分广泛,既包含着不同国家、民族的文化,又包含着不同历史阶段下的文化。现如今,人类文化资源十分丰富,这些文化是人类共有的,世界上的所有人都有欣赏多种文化的权利,也应当自觉承担保护文化的义务。对于持有特定文化的民族或国家来说,其应当保护文化的地域性以及民族性特色,使其从本质上区别于其他文化;但也要认识到,独享文化是不可取的,如果不能有效将其传播并就此与其他国际主体交流很有可能会丧失世界文化话语权,不利于本民族或国家文化的传承与发展。可见,文化是民族的,但也是世界的,相关主体应当充分认识到文化的世界性以及全人类性,进而促使其走向世界、不断发展。

2.国际社会在强调非物质文化遗产的价值时还突出了文化生态法则

在认识非物质文化遗产价值的过程中,文化生态法则为相关研究主体提供了生态主义哲学理念,全人类文化观为相关研究主体提供了以人为本的理念。文化生态法则的引入为相关研究主体辨认非物质文化遗产的自然权利、自然属性等提供了重要的理论支撑。

(三)文化视角下非物质文化遗产保护的意义

非物质文化遗产保护工作的实施与推进有利于保护并实现文化权利。

文化权利既是个人权利又是集体权利,既是普遍权利又是特殊权利,既是积极权利又是消极权利。文化权利具有个人权利与集体权利的二元性。根据人权主体不同,可分为个人人权和集体人权。个人人权基于个人基础上,是指每个人都应享有的人权,其权利主体是个人。集体人权相对于个人人权,是指某一类人应享有的人权。其权利主体是某一类特殊社会群体或某一民族与国家。

自由主义视野中,文化权利主要指个人权利,即使在文化团体中,文化权利的获得也是基于团体的成员权,强调个人及其权利的优先性和基础地位,需要尊重、维护。

文化权利具有积极人权与消极人权的二元性。传统人权制度的重点强调"自由",特别是公民权利和政治权利的自由。之所以需要保护人权,是为保护人的权利的自由免受政府侵扰,限制政府运用公权力干预自由。但是,第二代人权兴起后,经济、社会和文化权利,要求政府进行制度保障并提供实现权利的现实途径。人权的发展观念从控制国家权力滥用转向促进社会正义实现。文化权首先是积极人权。需要国家供给公民行使、实现文化权利的基本途径。为建造公共文化基础设施、开展公共文化活动、分享科技进步和文化发展的福利与成果提供制度基础和财政支持。促进公共文化服务的基础性和均等化。同时,文化权利是否实现取决于公民自决,是一种消极权利。公众享有公共文化权利的前提是自由选择、创造、表现文化,决定是否及何时需要参与公共文化生活。

在当今社会,文化权利事业不断向前发展,人们越来越重视文化权利。一般来说,文化权利包括认同权、平等权以及文化经济效益的实现等。文化权利是主体所享有的权利,是由具体的文化背景决定的。因此,在非物质文化遗产保护工作的开展过程中,其核心为保护文化多样性。有效保护文化是人们行使文化权利的重要前提。

二、非物质文化遗产保护的原则

(一) 本真性原则

对非物质文化遗产保护的本真性原则,是指非复制、非虚伪、忠实地保护和呈现其本来的风貌。在非物质文化遗产保护工作的开展过程中,相关主体应当将其蕴含的全部信息都列为保护对象,即使被保存下来的非物质文化遗产能够保留历史原貌。保护工作者应当避免保护产物成为伪遗产,这一类文化产品不是真正的遗产,其文化价值与保存价值往往并不足以支撑其成为文化遗产。

(二) 整体性原则

中华民族的发展历史十分悠久,相对应地,我国拥有许多非物质文化遗产。

文化遗产与其形成、生存环境具有十分密切的联系,不同的生态促使非物质文化遗产呈现出不同的具体形式表现,也会促使非物质文化遗产拥有不同的具体内容。从这个角度来看,相关保护主体应当遵循整体性原则开展保护工作,不仅要保护非物质文化遗产本身,还要对其赖以生存的环境加以保护,促使非物质文化遗产在现代社会中仍然具有发展活力。

（三）可解读性原则

一个民族的非物质文化遗产,蕴含着该民族传统文化的深厚根源,它往往通过其独特的、原生态的生活方式、行为规范、审美习惯、思维方式和价值观念来体现。可解读性就是指在继承其文化形式的同时,要解读其丰富的精神内涵和文化价值。比如中国众多的传统节日中的礼仪习俗,是中华民族传统文化的重要载体,是民族感情的黏合剂。它们是非物质的,却在几千年的文明演化中生生不息,直至今日仍在持续地滋养着这个民族。然而,由于非物质文化遗产的非物质性和丰富性,要挖掘和解读各种非物质文化遗产的精神价值并非易事。

（四）可持续性原则

非物质文化遗产是活态历史,因此对它的保护也是一项长期的、连续的、系统的文化工程,甚至这种保护工作将与该非物质文化遗产长期共存,保护工作要长长久久地持续下去。因此要坚定保护理念,持之以恒地进行这项事业。对非物质文化遗产的保护,不可能一蹴而就,也不可能一劳永逸,而应该做好长期的规划和准备。

（五）以人为本原则

从宏观层面分析,文化是属于全人类的,因此在非物质文化遗产保护工作开展过程中,相关保护主体应当遵循以人为本的原则,这样才能加强非物质文化遗产与现代社会的互动。

1.满足民众的各种物质文化需求,为保护工作的根本出发点和最终落脚点

为了充分激发全人类对参与非物质文化遗产保护工作的积极性与主动性,相关保护主体应当遵循以人为本原则,在深入调查与研究的基础上,了解并满足广大人民群众对于非物质文化遗产的多样化需求。在非物质文化遗产保护

工作的开展过程中,相关主体应当集思广益,充分吸收集体智慧,不断拓宽保护工作开展的思路。

同时,相关部门或单位应当加大宣传力度,促使民众强化保护非物质文化遗产的意识,促使民众深刻认识到积极参与保护工作的重要性。相比较而言,个体更关心与自身关系较为密切的事物或现象,基于此,相关保护主体应当注意在宣传过程中重点强调保护非物质文化遗产对个人的影响,进而促使民众自愿参与非物质文化遗产保护工作。

2.对非物质文化遗产传承人实施全方位保护

从本质上来说,非物质文化遗产本身不属于客观实物,其通常以知识、技术或技能的形式存在。可见,非物质文化遗产最为显著的外在表现特征就是非物质性,这些非物质文化遗产都由特定的传承人掌握。因此,相关部门或单位应当重视对非物质文化遗产传承人的保护。一方面,相关部门或单位应当做好保护工作,促使非物质文化遗产能够维持历史原貌。另一方面,相关部门或单位应当以遗产继承为目的,协助传承人收徒,避免非物质文化遗产断代从而无人继承。

(六)族群利益原则

非物质文化遗产是一个和民族与国家紧密相连的概念,但非物质文化遗产究竟应属于国家权力还是属于族群权利,这是保护非物质文化遗产不能回避的问题。族群利益原则非常强调族群的基本利益,但这与国家利益是不相违背的。国家及政府部门也非常重视族群健康的发展,主张保护族群的非物质文化遗产获得可持续发展。

(七)利益平衡原则

利益平衡原则是指在保护产权人获取竞争优势以维持创新动力的前提下,尽可能促使知识资源社会化以促进生产力的发展。可以说这是健全非物质文化遗产保护法律法规的重要举措,是促进我国非物质文化遗产保护持续、健康地进行下去的法律支持。

第四节　非物质文化遗产系统性保护解析

一、非物质文化遗产系统性保护的内涵与依据

基于哲学视角分析,世界上的事物都具有系统性,人们认识世界、改造世界都离不开对系统论的应用。在系统内部,各个组成要素之间的关系十分密切,一个要素的变化极有可能引起其他要素的改变。不同的要素在系统运行过程中发挥着不同的作用。

在非物质文化遗产保护工作开展过程中,相关部门或单位应当遵循系统性原则,从各个方面推进工作。非物质文化遗产系统性保护具有几个特点:一是强调非遗保护要基于非遗自身系统性,要以维护非遗系统为目的;二是强调非遗保护不是局部的项目化实践,而是对非遗保护内容、主体到措施所采取的一体化实践;三是强调非遗保护系统不能脱离其他系统,是一个更大社会实践系统的一部分;四是强调非遗保护不只是维护具体的非遗项目或传承人的生命力,而是维护整体意义上的非遗项目、传承人的生命力。[①]

一般来说,在非物质文化遗产保护工作开展过程中,相关主体应当根据以下三大依据实现系统性保护:

第一,作为一种精神实践,非物质文化遗产本身就具有系统性。非物质文化遗产属于文化遗产,并且被人类社会世代传承,是人类社会中非常重要的一类精神实践存在。非物质文化遗产都依赖于一定的生态环境生长、发展,其不仅包括自然环境,也包括社会环境。非物质文化遗产的形成与发展与人类实践活动的关系十分密切,人类的创造性活动、价值选择活动以及交流互动等,都对非物质文化遗产的形成与传承具有直接影响。同时,非物质文化遗产的发展还会受到人类的经济实践活动的影响。在此基础上,非物质文化遗产带有鲜明的系统性以及相对独立性等特征。

第二,作为一种干预实践活动,非物质文化遗产保护工作具有系统性。在

---

① 宋俊华.可持续发展理念与非物质文化遗产系统性保护[J].文化遗产,2023(3):1-8.

非物质文化遗产保护工作的开展过程中,保护其形式、内容以及周边环境等都不是最终目的,保护主体应当明确维持非物质文化遗产在现代社会的生存与发展活力才是最重要的。换句话来说,维持非物质文化遗产的生命力是开展一切保护工作的前提与根本。在保护工作开展过程中,相关部门或单位要利用多个环节推进非物质文化遗产的可持续发展进程。在这之前,保护主体应当明辨保护对象,充分认识到保护工作的系统性。非物质文化遗产虽然具有相对独立的性质,但其交互对象众多,所处环境也在不断变化,这就在一定程度上增强了非物质文化遗产的开放性。保护主体应当明确这一点,并在此基础上实施干预与保护活动。

第三,在现代社会背景下,社会治理主体要想实现良好的社会治理效果,就要重视并实现对非物质文化遗产的系统性保护。社会治理主体要认识到,对非物质文化遗产的保护本就在社会治理范畴内。非物质文化遗产项目蕴含着人类智慧,包含着人与人友好互动的实践经验。社会治理主体可以从这些非物质文化遗产中获取处理人与社会的关系、人际关系的有益经验,进而促使整个社会形成和谐的发展氛围。

二、非物质文化遗产系统性保护的基本要求

(一)注重非遗自身的整体性

在对非物质文化遗产的系统性保护工作开展过程中,相关主体应当高度关注两大保护重点:一是对非物质文化遗产本身的保护,二是对遗产群落内部各个部分的保护。

作为一个系统,非物质文化遗产包含多个因素,各个非遗项目不仅包含技术工艺、具体内容,还包含相关材料等。在保护工作开展过程中,保护主体应当全面认识非物质文化遗产的构成要素,并将所有构成要素都列入保护范畴。

事物之间的联系是普遍的。非物质文化遗产项目内部各个要素之间是相互联系的,其与其他项目之间也存在着一定的联系。因此,保护主体不仅要保护非物质文化遗产本身,还要保护与非物质文化遗产相关的项目。

(二)注重构成要素的层次性

非物质文化遗产的内部结构是非常精妙的,如果没有经过系统认识,保护

主体将无法有序开展相关活动。在实施保护措施以前,相关保护主体应了解、剖析非物质文化遗产的内部结构以及相关要素,进而探究非物质文化遗产的运行规律以及主要功能等。在非物质文化遗产系统内部,各个要素处于不同的结构层次。一般来说,非物质文化遗产的结构要素主要分布于中华文明层次、非遗学层次以及非遗子项层次。相关保护主体应当透彻了解要素的层次性。

1.从中华文明视角看非遗的基本构成

基于宏观的历史视角分析非物质文化遗产可以发现,草根文化和精英文化是非物质文化遗产的两大构成要素,这两种文化系统之间的差异十分明显。

两大文化系统都涵盖了一定的思想观念,是特定群体价值观以及精神的反映。不同的是,其中的特定群体的范围是有差异的。草根文化对应的特定群体是整个民间社会,其范围比较广泛;精英文化对应的特定群体是统治者或知识阶层,其范围相对狭窄。这一差异出现的原因主要是不同文化遗产的创造者本就属于不同的社会集体。在非物质文化遗产保护工作的开展过程中,保护主体应当重视对相关草根文化系统的研究。

相比较而言,草根文化的传播与继承相对随意,一般不需要继承者用文字将其记录下来;精英文化的传播与继承拥有更多限制性、规范性条件,一般需要继承者用文字等将其记录下来。纸质材料是古代社会人们的主要记录介质,这就意味着人们对精英文化的记录与传播过程将会十分复杂,不如口传心授来得方便。另外,草根文化更贴近人民群众的生活,这就决定了草根文化的传播与继承主体要多于精英文化的继承与传播主体。拥有全面的研究视野是深刻认识到两大文化系统差异性的前提。

2.从非遗学视角看非遗内部诸要素的基本构成

在非遗框架下,我们可以将非遗划分为民间文学、表演艺术、传统工艺美术、传统工艺技术、传统节日、传统仪式以及传统农业生产知识等七个大类,即"七分法"。[①] 这一划分方法是对前人研究成果的进一步发展。上述七类客观存在的传承过程都具有活态性质,这是人类将其划入非物质文化遗产范畴的重要依据。在这一分类方法诞生之前,非物质文化遗产的分类工作总会存在分类混乱现象,这一现象不利于非物质文化遗产相关工作的有序开展。

---

① 全小国,苑利.非物质文化遗产系统性保护研究[J].东南文化,2023(4):6-13.

3. 从非遗子项看非遗的细节构成

为了进一步探究非物质文化遗产的所属领域以及所处层次,相关主体可以在应用七分法的基础上进一步完善分类,这一过程能够为后续非物质文化遗产系统性保护工作的开展奠定理论基础,进而增强非物质文化遗产开发利用工作开展的有序性、科学性等。

在非物质文化遗产系统内部,主要构成要素处于不同层次。每个层次都具有一定独立性,与系统内部的其他层次有着本质上的区别,同时又与系统内部的其他层次之间存在一定的联系。为了增强非物质文化遗产系统性保护工作的科学性,相关保护主体应当对内部层次进行分解,进而开展分类保护活动。

(三)注重非遗文化基因的稳定性

非物质文化遗产凝结了前人智慧,要想推动中华民族的现代化发展进程,相关部门或单位就应当重视对非物质文化遗产的保护工作。随着时代的发展和历史的演进,我国非物质文化遗产的文化价值不断提升,但从整体来看,非物质文化遗产的具体表现与基本构成等都未发生很大的改变。开展非物质文化遗产的系统性保护工作具有重要意义,此工作有利于现代人运用前人的智慧与经验,从而丰富观察与分析问题的视角,促使相关主体能够提高智慧水平。

三、非物质文化遗产系统性保护的实施策略

(一)贯彻非物质文化遗产保护的正确理念

首先,相关保护主体应当增强文化自信,树立文化自强与文化自觉理念。非物质文化遗产保护工作的开展以此为基础,这也是非物质文化遗产保护工作的重要目标。在非物质文化遗产系统性保护工作中,文化自强与自信与相关工作理念是一致的。

其次,相关保护主体应当树立可持续发展理念。非物质文化遗产保护工作并不是单纯的对非物质文化遗产的形式与内容的保护,其工作开展重点在于保护非物质文化遗产的生命力,促使非物质文化遗产在现代也能实现创新与发展。在工作开展过程中,保护主体应当把握好传统文化与现代继承之间的关系。

最后,相关保护主体应当树立"双创"以及"三见"理念。这两大理念是相

关保护主体落实前两大理念的具体成果,是对前两大保护理念的进一步认识。具体来说,"双创"指的是相关保护主体应当基于客观规律实现对非物质文化遗产的创新与创造,促使其文化价值转化为其他价值。"三见"指的是相关保护主体应当使非物质文化遗产见人、见物、见生活,要求相关活动的开展应当具体,要贴近民众生活。

(二)重视维护非物质文化遗产的生态系统

非物质文化遗产具有相对独立性,属于文化实践,具有活态特征。非物质文化遗产的形成是动态的,其基本与发展也是动态的。相关主体就是在与非物质文化遗产的互动过程中达到一定状态、构建一定的关系。这些客观因素将对非物质文化遗产保护工作的具体开展过程产生巨大影响。

在非物质文化遗产概念范畴中,本生态与衍生态是十分重要的两大概念。相关主体在开展非物质文化遗产系统性保护工作的过程中,必须全面认识这两个概念的辩证关系,进而推动非物质文化遗产项目的自我发展。

(三)突出非物质文化遗产的文明传承意义

人类开展实践活动必须遵循一定的客观规律。作为一项实践活动,非物质文化遗产保护工作主体应当遵循相关规律,比如非物质文化遗产的形成规律、发展规律以及传承规律等。同时,相关主体要明确非物质文化遗产包含的具体内容、表现形式等,还要充分认识到非物质文化遗产的传承意义。并且利用其蕴含的前人智慧推动现代社会的进步与发展。

在此需要注意,并不是所有非物质文化遗产都能顺应时代的新变化,当环境条件无法支撑非物质文化遗产保持生命力时,非物质文化遗产就会衰竭。因此,非物质文化遗产保护主体应当适时创新非物质文化遗产,在保持其本质特征的前提下丰富非物质文化遗产的现代内涵,促使非物质文化遗产能够顺应时代发展趋势与潮流。

(四)强化非物质文化遗产的文明交流作用

在历史发展过程中,携带不同文化基因的人通过交流借鉴其他民族的文化,使本民族文化能够获得发展。非物质文化遗产属于中华优秀传统文化,其在历史上也经历了与其他文化的融合。可见,文化具有包容性,这是文化不断向前发展、不断创新的基础性条件。在非物质文化遗产保护工作开展过程中,相关保护主体应当实现非物质文化遗产的包容性继承与发展。

在中华民族与其他民族的文化交流活动中,非物质文化遗产发挥了巨大作用。因此,相关保护主体应当从本民族立场出发,积极推动文化交流,促使非物质文化遗产能够汲取其他民族文化的有益发展经验。

(五)建设并不断完善非遗保护的保障体系

在非物质文化遗产保护工作开展过程中,许多主体都参与了相关活动。相关部门或单位应当充分认识到该工作开展对于民族与国家发展的进步意义。因此,相关部门或单位应当不断完善相关保障机制与体系,促使非物质文化遗产实现可持续发展。

第五节 中国非物质文化遗产保护面临的问题

一、中国乡村非物质文化遗产保护面临的问题

(一)乡村文化价值背离和非遗主体身份流失

国家战略对社会所有行业与事业的发展都具有深远影响,对中国乡村非物质文化遗产保护工作的影响也不例外。在过去几十年间,我国开启了工业化进程,并逐渐实现更高层次的工业化建设。国家加大了工业投入力度,这就导致对农业的投入力度相对减小。1950—1980 年,农业部门总共为国家工业化提供了约 10 243.74 亿元的积累,农业资源输出总额达到 14 508.77 亿元,但是农业部门从工业部门和城市化中得到的物质资源和经济反哺要远远少于自身的输出,城乡处于二元发展的格局。[①] 进入 21 世纪以来,国家逐步对城乡发展的布局进行了调整,2014 年 3 月份国务院颁布的《国家新型城镇化规划(2014—2020年)》,2016 年 2 月国务院印发的《国务院关于深入推进新型城镇化建设的若干

---

① 彭莹.乡村振兴战略与非物质文化遗产保护问题探论[J].上海城市管理,2018,27(4):8-13.

意见》及同年7月国家住房城乡建设部、国家发展改革委、财政部联合下发的《关于开展特色小镇培育工作的通知》,规划政策的内容主要是围绕积极推进人口从农村向城市转移、提升城市功能、统筹城乡发展、以特色小镇为城镇化发展的新模式新探索。随着实践水平的不断提高,我国城乡关系已经发生了明显变化,单向城市化的发展局面被打破,我国越来越重视对城市与乡村的双向建设。现代社会存在融合发展趋势,其表现在城乡关系领域就是城乡融合发展。在此背景下,相关开发与保护主体使用的方法手段还有待完善,相关部门或单位还应着力解决现代农村社会的发展问题,进而为中国乡村非物质文化遗产保护扫清障碍、奠定基础。

相比较而言,乡村地区的文化自信水平普遍较低,相关部门或单位对乡村文化的挖掘与开发力度不足,村民的精神与文化需求并未被充分满足。很多接受教育的年轻人都离开了乡村、进入了城市,这就导致中国乡村非物质文化遗产保护工作的开展缺乏广泛主体。

(二)乡村非物质文化遗产的空间建构较薄弱

随着现代化与城镇化的推进,许多乡村的传统建筑、景观等都变成了充满着现代都市气息的建筑或景观。可以说,这是对乡村传统文化的不合理改造,是乡村非物质文化遗产空间建构较薄弱的直接表现。在此,我们需要明确一个概念——非物质文化遗产空间。理解这一概念可以基于两个角度,相关研究主体可以基于人文地理学的空间理论对其进行分析,还可以基于非遗类型的相关理论对其进行分析。在乡村非物质文化遗产保护工作开展过程中,非遗主体身份流失这一现象导致保护工作开展困难。人们对乡村非物质文化遗产保护工作不够重视,就容易导致非遗空间被挤压的局面。因此,在开展乡村非物质文化遗产保护工作的过程中,相关主体应当保护非物质文化遗产所处的环境,不能使其为单纯的经济活动让道。

二、非物质文化遗产系统性保护面临的问题

(一)保护工作相对缺乏集体性

目前,我国的非物质文化遗产保护机制还有待完善,广大民众还没有充分参与到非物质文化遗产保护工作中来。因此,我国相关部门或单位应当加强引

导与宣传,促使整个社会都树立起自觉保护非物质文化遗产的意识。如今,大众传媒与学校教育是我国相关部门或单位宣传非物质文化遗产保护工作的主要途径。在此过程中,受众只是被动地接受与非物质文化遗产保护工作相关的信息,并未实现与非物质文化遗产的有效互动,而非物质文化遗产的价值只有在主体与其互动过程中才能充分表现出来。为了强化民众的文化自觉意识,促使其增强继承与传播非物质文化遗产的内在动力,相关部门或单位应当不断拓宽民众参与非物质文化遗产保护工作的渠道,要不断丰富民众参与非物质文化遗产保护工作的形式。实现民众与非物质文化遗产之间的良好互动是保护工作应当实现的目标之一,民众在此情况下才能对非物质文化遗产及其保护工作产生更深的理解与体会。

(二) 生产保护体系存在局限性

在非物质文化遗产系统性保护中,非物质文化遗产生产保护体系扮演着重要角色。它旨在保护与非物质文化遗产相关的生产方式、工艺技术和传统知识等,以确保非物质文化遗产能够继续传承与发展。

然而,目前的非物质文化遗产生产保护体系存在以下局限性。

非物质文化遗产生产保护体系更注重保护非物质文化遗产的实用性,忽视了非物质文化遗产的非实用价值。非物质文化遗产不仅仅是一种生产方式或工艺技术,还包括与之相关的价值观念、思维方式和信仰体系等。非物质文化遗产保护工作者如果只关注非物质文化遗产的技术层面,忽视了其文化内涵和意义,就无法完整地传承和保护非物质文化遗产。

非物质文化遗产生产保护体系缺乏灵活性,无法适应现代社会的变化和需求。随着社会的发展和科技的进步,传统的生产方式和技艺可能难以满足现代生产的需求。非物质文化遗产生产保护体系如果仅仅固守于传统的生产方式,不允许创新和发展,将导致非物质文化遗产与现代社会脱节,失去其活力和吸引力。

(三) 无法避免的非遗危机

在工业文明背景下,人们依赖机械等工具提升生产效率,增加产品产量,这使得人们更加认同工业化的生产技术,这时,传统工艺等非物质文化遗产就容易被丢弃。这不利于非物质文化遗产的传承。

工业文明的影响是巨大的。许多国家受工业化的影响,希望得到更多生产资源,这就导致一些国家在利益的驱使下采用野蛮的方式掠夺其他国家的资源,或是过度采集自然资源,造成生态环境的污染和破坏。工业文化的存在挤压着传统文化的生存空间,使非物质文化遗产难以顺利地传承下去。工业文化还影响了人们的思想,使人们过于重视财富的重要性,忽视了精神世界的发展。这使得人们无心保护非物质文化遗产。

此外,工业化进程导致传统的生产方式逐渐衰退甚至消失。传统的手工艺和技艺等非物质文化遗产可能无法与机械化生产竞争,这就导致传统生产方式逐渐淡出人们的视野。同时,工业化进程也带来了新的生产方式和技术,这些新技术能够满足人们提高生产效率的需求,使得传统手工艺和技艺受到冲击甚至被替代。

如今,全球化和商业化的影响使得非物质文化遗产面临商业化利用和商标侵权等问题。非物质文化遗产往往具有独特的地域特色和文化标识,被商业化利用可能会丧失其原有的传统和文化价值。同时,商标侵权和盗版问题也使得非物质文化遗产无法得到合法保护和有效传承。

此外,现代社会的快节奏生活和消费主义的影响也使得非物质文化遗产的传承面临困难。年轻人一般更习惯现代化的生活方式和消费文化,对传统文化等非物质文化遗产的了解欲望不强烈。这使得非物质文化遗产传承面临断代和失传的危机。

综上所述,非物质文化保护工作面临传统生产方式衰退、商业化利用和商标侵权、现代快节奏和消费主义等各种危机。其中,工业文明的强盛对非物质文化遗产保护工作的打击非常大。故而,非遗危机的产生,源于工业文明的崛起与农业文明的衰退,是一种无法避免的、历史发展的必然。[①]

三、非物质文化遗产数字化保护面临的问题

非物质文化遗产是人类的宝贵财富,具有独特的文化和历史价值。在数字化时代,保护非物质文化遗产需要面对一系列挑战。本书将从政府投入机制匮乏与地方建设不平衡、标准缺失、传播受限、传统文化边缘化以及专业人才不足等方面来探讨非物质文化遗产数字化保护所面临的问题。

---

① 段晓卿.系统视角下的非遗保护审视[J].系统科学学报,2021,29(4):120-125.

（一）政府投入机制匮乏，地方建设不平衡问题

许多国家在非物质文化遗产保护方面的投入仍然不足，公共财政支持有限。这导致了在数字化保护方面的投资不足，限制了非物质文化遗产数字化保护的发展。此外，地方建设不平衡也是一个问题，一些地区缺乏相应的技术设备和专业人才，导致非物质文化遗产数字化保护工作的不均衡发展。

（二）未在全国范围内建立统一的数字化建设标准

不同国家和地区对非物质文化遗产的保护理念和技术手段存在差异，国家标准的缺失使得非物质文化遗产数字化保护工作的协调和合作变得困难。在数字化保护工作中，缺乏统一的标准和指南也可能导致不同机构和个人采用不同的方法和技术，造成资源的浪费和信息的不一致。

（三）非物质文化遗产数字化保护的传播受限问题

非物质文化遗产数字化保护的传播受限问题需要受到重视。虽然数字化技术为非物质文化遗产的保护和传播提供了新的机会，但是由于技术门槛和网络状况的限制，非物质文化遗产数字化作品的传播受到一定的限制。尤其是在一些资源匮乏的地区和发展中国家，数字化作品的传播面临困难，无法充分发挥数字化保护的效益。

（四）传统文化出现边缘化趋势，相关专业人才不足

非物质文化遗产传承中传统文化出现边缘化趋势是一个令人担忧的问题。随着现代化的发展和社会变迁，一些传统文化正面临着严重的威胁，传统技艺等非物质文化活动面临着边缘化和消失的风险。非物质文化遗产数字化保护应该与传统文化的传承相结合，鼓励和支持年轻一代参与非物质文化遗产的传承工作，以保护和传承非物质文化遗产。非物质文化遗产保护专业人才不足也是一个亟待解决的问题。非物质文化遗产保护部门要开展有效的非物质文化遗产数字化保护工作，需要具备相关知识和技能的专业人才。然而，当前专业人才的培养和储备工作还不够充分，人才市场供需不平衡。政府和相关机构应该加强对非物质文化遗产保护专业人才的培养和引进，提高相关人才的素质和能力水平。

第二章 非物质文化遗产保护的多样性研究

文化是民族身份的一个重要标志,世界上任何一个地区、民族、国家都有自己独有的文化。非物质文化遗产是人类文化遗产的重要组成部分,也是整个人类文化多样性的根基、源泉和生态场。本章主要进行非物质文化遗产保护的多样性研究。

第一节 传统表演艺术类遗产保护研究

一、传统表演艺术的起源及发展

中国传统的表演艺术,主要是通过演唱、演奏或肢体动作、表情等方式,刻画人物、表达情感或情绪,从而表现情节的一种艺术形式。中国传统的表演艺术,主要包括音乐、舞蹈、说唱、角抵、杂耍、杂技、魔术等。

(一)中国传统表演艺术的起源

中国传统的音乐、舞蹈艺术,最早出现于原始社会时期。在我国许多地区的大山中,都发现了岩画。这些创作于旧石器时代晚期至新石器时代中期前的岩画,是先民们用以记录或展示自己狩猎、崇拜等生活和精神寄托的一种方式,其中就有不少表现舞蹈的画面。在这些原始、粗犷的舞蹈岩画上,形象、直观地刻画了不同形态和动作的舞姿,充分证明了远在数万年前,先民们就已经学会了舞蹈,并且用于表现自己的情感。舞蹈的问世,则又给人们的生活增添了新的娱乐方式,更有助于人们抒发自己的感情。

位于青海省大通县的上孙家寨墓地,是一处新石器时代晚期马家窑文化遗址。1973年,考古工作者于其中的一座墓中出土了一件舞蹈纹彩陶盆。舞蹈者手拉手仿佛围绕着水载歌载舞，场面十分热烈欢快。1995年，考古工作者又于青海省同德县巴沟乡团结村的宗日文化遗址内出土了一件舞蹈纹彩陶盆。舞蹈者亦手拉手，身着宽大的裙装。至于舞蹈纹彩陶盆上刻画的舞蹈内涵，尚未定论，但舞蹈纹彩陶盆的出土，充分说明音乐与舞蹈在我国的原始社会时期就已经出现。音乐和舞蹈不仅是先民们的一种抒情、表意的方式，更是他们日常生活不可或缺的一种娱乐方式。人们无论是欢庆收获，还是崇拜、祭祀神灵，都采用舞蹈的形式，表达自己的喜悦。

(二) 中国传统表演艺术的发展

由于音乐、舞蹈所具有的抒情、表意等特定功能和作用，因此在国家建立后又被用于政治生活中。在商朝后期的殷墟遗址内发现的甲骨文中，即有"樂""舞"两个文字。甲骨文的"樂"字，由"木"上加"丝"构成，意指丝弦乐器。甲骨文的"舞"字，为一人两臂伸展，两手执类似树枝的道具在起舞。

在以后的历史中，随着社会经济的不断发展，人们的物质生活不断丰富，精神文化生活也日趋繁荣，人们的娱乐方式也更加多样化。在出土的春秋战国时期的青铜器或漆器上，常见一些宴乐纹饰、图案。现收藏于北京故宫博物院的一件战国宴乐渔猎攻战纹青铜壶，就生动、形象地刻画了乐舞表演的情景。整幅画面极富动感，真实地刻画了载歌载舞的乐舞表演场面。

春秋战国时期，随着社会的变革，文化艺术也呈现出繁盛的景象。角抵、杂技、乐舞等各种表演艺术陆续出现，并得到较广泛的流传。其中的角抵，亦称角力，原为军队训练的一种方法。春秋战国时期的这些娱乐表演方式，在秦汉时期又得到进一步发展，并被称为"百戏"。在秦始皇陵兵马俑中，就出土有百戏俑。

汉代出现的"百戏"之称，是对中国古代的乐舞角抵、说唱、杂技等表演艺术的一种统称。在四川等地一些东汉墓中出土的俳优俑，则是古代说唱表演艺术最形象的实物资料。以诙谐、幽默的说唱表演吸引观众、逗人发笑的艺人，在中国古代称为俳优。出土的汉代俳优俑手中多持一面鼓，或站或坐，或说或唱，还做出一些怪诞夸张的动作，似在逗惹观众。

在以后的历史中，百戏作为一种社会各界喜闻乐见的艺术表演形式，不断地发展和创新。其中既有承袭原有艺术表演形式的，也有在与周边民族和异域交往中，吸收和借鉴新的表演形式的。传统的乐舞则继续成为社会的一种娱乐休闲方式。

盛唐时期,反映乐舞题材的绘画、雕塑作品数量更多。这些乐舞文物不仅表现了当时的太平盛世,也表明在太平盛世的社会局面下,中国古代的乐舞,特别是宫廷乐舞已进入一个兴盛时期。在唐代的乐舞表演中,既有舞姿轻盈、优柔、舒展的软舞,又有刚劲、浑脱的健舞。这些风格各异的舞蹈,既有继承传统的,也有来自异域和兄弟民族的。正是在不断地与周边民族和异国的交往中,极大地推进了乐舞表演艺术的发展。

在不断创新中得到持续发展的中国古代表演艺术,既满足了社会各阶层的娱乐和消遣需要,也显示出中国传统文化的巨大魅力,成为中国古代精神文明的重要标志。

二、传统表演艺术的类型

(一)传统音乐类

早期出现在古老的中国历史中的音乐就是中国的传统音乐。中国传统音乐流传至今,具有鲜明的中华民族特征,是中国宝贵的非物质文化遗产。中国传统音乐的形式是多种多样的,有需要乐器的音乐,也有不需要乐器的音乐。这些中国传统音乐类表演艺术就是中国传统表演艺术中的不可缺少的组成部分。中国传统音乐的发展经历了漫长的岁月,不同时期的艺术风格流派、形成以及不同区域的地域特色和作品诠释技法等,都对中国传统音乐的表演产生了影响,使得其表达形式更加多样化,也逐步使得中国传统音乐形成了完整的理论体系,并产生了极具深度和广度的相关音乐作品。①

一般来说,音乐学界将传统音乐分为宫廷音乐、民间音乐、宗教音乐和文人音乐,这几种类别的音乐形式艺术特征和功能都有明显的区别。

(二)传统舞蹈类

舞蹈是以人体为物质材料,以动作姿态为语言,在时间的流程中以占有空间的形式来表达思想和感情的艺术。舞蹈艺术是用律动的人的肢体动作来模拟或表现人类生命中对自然、社会的各种经验、情感的艺术形态,如果用一个简

---

① 王丹丹.中国传统音乐表演艺术实践研究[J].艺术评鉴,2022(1):25-29.

单的命题对其本质进行概括,也可以说:舞蹈是意识的肢体表现。

学界一般认可传统舞蹈和古代巫术有着密切的关联这个说法,很多现存的巫术在操作过程中还保留着一些舞蹈动作,这就使舞蹈和古人的原始图腾等文化产生了联系,因此我们可以确定舞蹈的历史是相当久远的。在漫长的历史过程中,舞蹈参与到人类社会的很多活动中,也不断发展变化,衍生出来的传统舞蹈艺术形态可谓丰富多彩。如土家族舞蹈源远流长,早在殷商时期作为土家族先民之一——巴人所创制的军前舞就影响了周人的大武舞。经过两千多年历史的洗礼,土家族人擅长舞蹈的传统一直没有消失,并逐渐发展出同土家族人生产生活、风俗习惯息息相关的各种舞蹈。可以说,土家族舞蹈集中表现了土家族人的文化思想、信仰和人文风貌,因此具有较高的当代价值。①

舞蹈艺术虽然种类繁多,文化积淀深厚,但总体来讲,都是历代人们用以满足自身各方面需要而创设的,其中包含着历代先民们的生产、生活习俗、宗教信仰等多方面的信息,传达着人们的世界观、价值观、情感等精神文化特征。

(三)传统戏剧类

戏剧本身的概念较为复杂,而戏曲只是戏剧中之一种,但中国传统戏剧的主要形态即是戏曲,我们可以说中国之戏剧即是戏曲,所以要想观照中国戏剧,必从中国戏曲上入手。传统戏曲最鲜明的特色就是艺术形态的综合性,这种综合性是指戏剧吸收融合了音乐、舞蹈、文学、舞美、杂技等多方面艺术的精华,熔铸成一种崭新的、同时诉诸视觉和听觉的综合艺术形态。传统戏曲是在吸收了传统歌唱、舞蹈、器乐、文学等艺术形态的营养的基础上形成的,相对前几种艺术形态较为晚出,大约到宋元时期才逐渐成熟。在某种层面上,可以说戏曲包含着我国传统文化艺术的精髓,其完善形态的出现标志着中华文化艺术的发展到了一个较为成熟的阶段。当然,戏曲的核心要素还是要提炼出来的,我国清代著名学者王国维用"以歌舞演故事"这个简单形象的表述概括了戏剧的三个核心要素:演唱、舞蹈和剧本。戏剧中的诸多组成部分中,其他要素或可省略,但这三者若缺其一则难以称得上是传统意义的戏剧了。传统戏曲在发展过程中,逐渐形成了自身的特征,其中较为明显的是其虚拟性和程式性,这两者是我

---

① 陈奥琳,王庆.传统表演艺术的当代价值及其转换路径——以土家族舞蹈为例[J].原生态民族文化学刊,2021,13(4):136-143,156.

国传统戏曲与其他戏剧相比较为突出的特征。

(四) 传统曲艺类

曲艺是文学、音乐、肢体表演等要素综合起来的一种艺术形态,在我国古代形成时间较戏曲早些。曲艺是通过说唱来讲故事的艺术。其核心要素是歌唱和文学,以说和唱为主要表现手段,曲艺中也包含少许舞蹈表演动作,但是和戏剧相比,其舞蹈元素要薄弱很多。小说、戏曲等艺术在长期的形成和发展中也从曲艺里吸取了不少的营养。

由于说唱艺术综合了音乐和语言,所以它天然地就是主要诉诸人的听觉的。它一方面具备音乐艺术一样丰富的表情性,在情感表达方面具有直接性;另一方面也受语言要素的影响而具有表达概念、意义方面的确切性。"动之以情、晓之以理"可以说是对说唱艺术本质特征的准确概括。

我国曲艺艺术种类繁多,由于其主要是通过语言说唱来表达的,所以曲艺艺术往往和地方性语言结合起来形成地方性的小曲种。从曲艺艺术构成要素的组合方式来看,以口头语言进行叙述表演时说唱因素的不同组合及其综合程度,大体可以将其划分为说的、唱的、又说又唱的和似说似唱的几种类型。

三、传统表演艺术类遗产保护工作

(一) 表演类非遗原生态的保护

在以往的非物质文化遗产研究中,一般的提法是说我们要保护非遗的"原生态",这个概念影响较大,具有一定的合理性,因此采用这个概念来进行论述。

从当前的传统表演艺术生存状态来看,在一些民俗文化、宗教文化保存相对较好的地区,表演类非遗的原生态保存得较为完整。而也正是这些地区,表演类非遗的生存危机不是很突出,其艺术的风格样态与传统风貌相比,变异性也不明显。

比如在西藏、青海等藏区的藏传佛教影响较为深厚的地区,一些与宗教活动相关的藏戏等传统表演艺术的传承活动相对较好,由于这些地区地域文化相对封闭,其生产生活中的民俗活动基本上没有太大变化,所以依附于这些民俗与宗教活动的传统表演艺术的文化生态自然保护得较好。其他地区少数民族的宗教信仰、民俗文化保存较好,有利于传统表演艺术的生存,也可以被认为是原生态的一种体现。一些中东部地区的宗教场所，比如佛寺、道观，由于这些地方的文化环境相对独立，有较好的文化传承机制，所以宗教音乐的保护也较好，可以被看作是一种宗教性质表演艺术的原生态环境。

对于这些传统表演艺术的原生态，虽然其文化生态环境保护相对乐观，但是它们也处于快速发展变化的世界经济文化一体化格局中，有可能在这种潮流下改变，所以也有进行保护的必要。

原生态由于自身的生态运行机制基本没有被破坏，对其进行保护相对来说工作难度要小一些，但是从政府角度来讲，应该加强政策的关注和资金支持，要积极对其进行引导，把这些原生态表演艺术纳入我国非遗保护的四级名录体系中，确定好传承人，完善其传承机制。做好原生态表演艺术的宣传工作，增强受众对原生态表演艺术的认知和兴趣，提升原生态环境内部人们的文化自信和文化保护的自觉性。

对于表演艺术类非物质文化遗产来说，设立文化生态保护区具有重要意义。由于表演类非遗对受众的依赖较强，文化生态相对脆弱，设立文化生态保护区可以使特定区域的民俗文化得到更好的保持，有利于表演类非遗的生存。一般来说，保护区都设立在民俗文化保存较好的地区，受众的传统文化认同和民俗认同留存得较好，表演类非遗的受众群体人数较多而集中，非遗的文化生态平衡保持得较好，对于非遗的生存来讲是较为有利的。这也可以看作我国从政府层面对非遗原生态保护所做的努力。

另外，我们要加强对这些原生态表演艺术及其生态的学术研究，将其艺术事象与文化生态的特征和内在规律尽快进行整理和研究，为后续的原生态保护和传承工作提供必要的理论支撑。

（二）表演类非遗衍生态的营建

如果我们把非物质文化遗产及其文化生态环境看作一个需求与被需求的价值系统，那么原生态体现的是表演类非遗在传统文化的价值系统内主体对它的需求和支撑；而衍生态则是在这种传统的文化价值系统支撑尚未断绝的基础上，由于整体文化环境的变迁而发展和显现出来的，建立在对于表演类非遗的新的需求基础上的一种新的价值系统；新生态则是非遗品种在传统的价值系统已经瓦解和消失的情况下，在社会文化环境中新出现的能够支撑表演类非遗生存的价值系统。

衍生态的营建是一个复杂而艰巨的系统工程,涉及政治、经济、教育、文化方方面面的要素。

1.积极的国家政策导向

国家政策是传统表演艺术文化生态之根本,国家不支持,则表演艺术必然受压制,难以繁荣发展。任何艺术团体和个人在正常下,都不可能挑战国家机器。比如秦始皇焚书坑儒的文化政策,虽然历时不长,但已经堪称中华民族的文化浩劫。近些年来国家对非物化遗产保护的提倡,也已经对当前的传统表演艺术发展起到了明显的促进作用。所以,要想做好传统表演艺术的保护工作,国家政策的支持是不可缺少的,从天时、地利、人和这个视角来看,国家政策可以认为是天时,天时不利,时运不济,地利和人和因素都难以充分发挥作用。

2.加强表演类非遗教育

在传统表演艺术文化生态构建过程中,教育工作无疑是非常重要的,我国当前民众特别是一代代成长起来的年轻人对传统表演艺术认识不足,接受能力较差,其中一个重要的原因就是当前我国教育体系中对于非遗的教育是相对薄弱的,教育体系中成长起来的一代又一代人没有或者缺少机缘了解和学习传统表演艺术,谈何能够欣赏和喜欢它们? 我国教育体系中对传统文化和非遗品种的教育基本上处于缺失状态,数十年来教育体系中主要就是以学习西方的科学技术为主的,这种情况下,非遗的文化生态越来越脆弱,受众基础越发薄弱贫乏是必然的。所以在当前环境下,要想在宏观上构建完整的、良好的非遗文化生态,营建良好的衍生态环境,教育工作必须受到充分的重视。

3.媒体宣传

在信息化快速发展的当今社会,各种传统和现代媒体令人目不暇接,电视、网络、手机、广播、报纸、杂志等媒体以各种手段吸引人们的眼球,传达着他们各自的世界观、价值观和各种文化理念。各种大众传媒更是对社会产生了前所未有的深刻影响,塑造着整个社会的文化样态和价值理念。在这种态势下,能否更好地利用各种信息化大众传媒,占领更多的宣传阵地,吸引更多的受众眼球,成为当前我们衡量一种文化样式当代生存能力的尺度。各种传媒所营造的文化理念也成了当代重要的文化生态环境要素,是我们构建文化生态时必须予以观照的重要问题。新媒体是非遗保护工作者必须重视的工具,是能够呈现传统演出艺术的重要媒介,是向群众宣传优秀的传统文化的重要平台。新媒体既能够有效地展现传统表演艺术的特征,还能够扩大传统表演艺术的传播范围,使世界认识到传统表演艺术的魅力。传统表演艺术家可以借助新媒介来探寻新的传统表演艺术发展道路。

从文化生态的塑造和非遗保护的文化氛围塑造来说,强化各种媒体上对于表演类非遗的宣传也是至关重要的。

第二节　民间工艺美术类遗产保护研究

一、民间工艺美术的类型

(一)工艺绘画类

民间工艺画的源头可以追溯到远古的岩画、彩陶装饰画等原始艺术,它既可以作为独立的观赏性艺术,还可作为环境和器物等的装饰,成为附属性的装饰绘画。它与民间习俗相结合,色彩鲜明,造型古朴、夸张,有着强烈的地域特色和民族特质。

民间工艺画类主要有木版年画、堆绢画、布贴画、铁画、烙画、布画、软木画、羽毛画、通草画、闺绣画、角骨雕画、印花画、竹帘画、蛋画、灯笼画、扇面画、花鸟字、织画、唐卡、堆绣等。

(二)剪刻类

剪刻类是指以剪、刻、凿等方法为主制作的民间工艺美术品类。剪刻中主要使用的工具有剪子、刀子、凿子、錾子等,之外还有一些辅助性工具,借助剪刻的造型手段和精致的技巧,作品细节毕现。

民间剪刻类主要有剪纸、皮影和民间镂刻,剪纸中包括剪纸、刻纸、剪字、窗花、墙花、团花、角花、顶棚花、门笺、挂笺、喜笺、烛台花、帽蜡、衣袖花、花幡、鞋花等;皮影中包括灯影戏、驴皮戏、羊皮戏、纸影戏、牛窑戏等;镂刻包括剪革、镂金、贴绫等。

(三)印染类

印染是民间服饰和日常居室装饰密切相关的工艺品。民间印染类主要以植物蓼兰中分解提炼出的靛青为染料,以印和染的方法着色、显花的工艺,称为蓝染和蓝印。

民间印染类主要有染缬和印花布,染缬包含蜡染、夹缬、绞缬、蜀缬、印花漏版、扎染等,印花布包括蓝印花布、浇花布、彩印花布、木模印花布、木版捺印、蓝白印染花布等。

（四）刺绣类

民间刺绣古称"黹""钻黹",又称"针绣""扎花",俗称"绣花""女红"。它是用彩色丝、绒、棉线等,在绸、缎、布、帛等底布上借助针的运行穿刺,从而构成花纹、图案或文字的工艺。

民间刺绣类包括针绣、扎花、闺绣、龙绣、画绣、彩锦绣、双面绣、锁绣等,还包含抽花、挑花和织花带等。

（五）雕塑类

雕塑类是"雕"和"塑"两种不同技法的合称。"雕"是使用刀子、凿子、钻子及一些辅助性工具在硬质材料上进行制作的工艺;"塑"是以捏、塑、堆、纳等方法为主,以手施艺,用手工方法造型,并常结合彩绘装饰方法,在塑形后再施以彩绘。

民间雕塑类包含石雕、砖雕、玉雕、木雕、竹雕、牙雕、骨雕、贝雕、核雕、角雕、微雕等,还包括捏塑类如泥塑、彩塑、面塑、灰塑、堆塑、油塑、糖人、糖画等。泥塑是中国传统的工艺品雕塑。追溯其历史,新石器时代便有泥塑艺术的雏形,春秋战国时代有做"耍货"的民间习俗。泥塑的造型多种多样,以人物、动物为主体,或素或彩,形象生动,充满趣味。①

（六）陶瓷类

民间陶瓷分为陶类和瓷类,是用陶土和瓷土这两种不同性质的黏土为原料,经过配料、成型、干燥、焙烧等工艺流程制成的器物。它的制作技艺多样,粗料巧做,审美与实用相结合。

民间陶瓷类中,陶类包括彩陶、墨陶、彩绘陶、白陶、釉陶、砂器等,瓷类包括

---

① 姚翊妁.浅议民间工艺美术的审美意蕴[J].艺术家,2021(9):132-133.

青瓷、青白瓷、白瓷、琉璃、料器、鼻烟壶等。

(七) 编织类

民间编织也称民间编结,是以草、柳、竹、藤、丝、麻、布等为材质,经过编、扎、缝、剪、漂、染、煮、熏及防腐等工艺处理而编织成的各种生活器皿和装饰品。

民间编织包含竹编、柳编、藤编、草编、棕编、麦秆编、秫秸编、纸编等。

(八) 扎糊类

扎糊类指的是以扎糊方法制作的民间工艺美术品类。具体的制作过程中,通常以竹、木、铁丝等为骨架,以丝绸、纸等从外面通过扎结、扣榫等方法制作而成。

扎糊类包括纸扎(又称扎作、糊纸、扎罩子、彩糊等)、彩灯、风筝、扇子等。

二、民间工艺美术类遗产的现代价值

民间工艺美术是中国传统文化的重要组成部分,具有极高的审美价值、经济价值和传承价值。民间工艺美术源远流长,代表了中华民族的智慧和创造力,为人们提供了深层次的审美体验。

(一) 审美价值

从审美价值的角度来看,民间工艺美术独具特色,体现了中华民族对美的独特见解和追求。民间工艺美术不仅具有艺术性和装饰性,还能够反映民间生活中的人们流露出的真实情感和民族文化内涵。民间工艺美术品通常采用传统的制作工艺和材料,如陶瓷、木雕、剪纸等,能够通过工艺制作者巧妙的构思和精湛的技艺,展现出丰富多样的图案和色彩,使人们在欣赏的过程中感受到来自民间工艺美术的震撼和愉悦。此外,民间工艺美术还传承着历史和文化的记忆,通过细腻的表达方式,使人们能够更好地了解和认识中国非物质文化遗产的价值。他们不追求技艺上的精雕细琢,注重的是能否将内心深处对美的最初理解表达出来。[①]

---

① 张潇予.民间工艺美术的审美意蕴阐述[J].流行色,2021(3):45-46.

(二) 经济价值

民间工艺美术具有很高的经济价值。随着经济的发展和人们对文化产品的需求的增加,民间工艺美术品成为市场上的热门商品。许多民间工艺美术品以其独特的风格和精湛的技艺吸引了国内外众多消费者,成为一种具有很高的商业价值的艺术品。例如,中国的刺绣工艺品和陶瓷艺术品等深受国内外消费者的青睐。这些民间工艺美术品既有古代名家的作品,也有现代民间刺绣家和陶艺家的创作作品。它们以其独特的造型和精美的工艺吸引了许多收藏家和投资者。同时,民间工艺美术还为当地经济发展提供了重要的支撑,带动了相关产业的兴起,如材料供应、制作加工、销售和旅游等产业的兴起。

(三) 传承价值

民间工艺美术还具有传承价值。作为中国传统文化的一部分,民间工艺美术承载着丰富的历史和文化传统,是代代相传的宝贵财富。民间工艺美术的传承不仅涉及传统技艺的传承,更重要的是能够传承传统文化。民间工艺美术品需要通过口述和实践才能传承下来,保证民间工艺品制作的技艺和技法等不会消失。因此,民间工艺美术遗产的传承需要由经验丰富的传承人进行。民间工艺美术遗产传承人可以基于保护和传承民间工艺美术的目标,免费开展民间工艺美术培训,使更多的人了解和熟悉这些民间工艺美术品及其制作技艺,从而激发年轻一代对民间工艺美术等传统文化的热爱和创造力。

民间工艺美术属于非物质文化遗产,传承它能够为推动中华传统文化的发展贡献自己的力量。民间工艺美术不仅体现了中国人民对美的独特见解和追求,还在经济发展和文化传承中发挥着重要的作用。因此,我们应该加强对民间工艺美术的保护,让更多的人了解和欣赏这些非物质文化遗产。

三、民间工艺美术类遗产保护的方向与策略

(一) 建设动态文化保护机制,以生产促进传承

1.改造文创产品呈现形式,拓宽产品消费潜力覆盖面

在制作民间工艺美术相关的文创产品时,制作者要提升制作工艺水平,通过技术创新和艺术设计,将传统的民间工艺美术与现代审美相结合,创造出具

有美感和实用性的文创产品。文创产品制作者要尽可能丰富文创产品种类,使文创产品的种类不局限于传统的手工艺品,还可以包括服装、摆件、饰品等多个领域,以满足不同消费者的需求,扩大产品消费潜力覆盖面。此外,文创产品销售者还可以进行文创产品品牌包装和营销,用以打造文创产品的品牌知名度,从而吸引更多消费者的关注。

2.增设文化生产体验模块,打造互动式文化保护新形式

在民间工艺美术类遗产保护工作中,政府可以指导相关企业增设文化生产体验模块,打造互动式文化保护新形式。民间工艺美术作为我国非物质文化遗产的重要组成部分,具有独特的历史价值和文化内涵。然而,如今的民间工艺美术面临着失传、衰败的风险。因此,政府可以通过增设文化生产体验模块来促进传统工艺的保护与传承。

首先,文化生产体验模块的增设可以为民间工艺美术提供展示和传承的平台。通过建立工艺品展览和制作现场,企业能够使其他参观者亲身体验传统工艺的制作过程和技艺,加深他们对民间工艺美术的认识和理解。同时,企业可以设置工艺品销售区域,让人们有机会购买和收藏传统工艺品,从而推动民间工艺美术市场的繁荣。

其次,文化生产体验模块的设置可以促进民间工艺美术与现代产业的融合。通过引进高科技手段和创新设计理念,民间工艺美术能够与现代生产方式相结合,产生更具时代特色的工艺品。在体验模块中,企业可以设置民间工艺美术与现代技术交融的展示区,让人们了解民间工艺美术的演变过程,激发人们对民间工艺美术的兴趣。

最后,文化生产体验模块还可以是一种培训和教育的场所。企业可以通过设置民间工艺美术学习培训班和文化交流活动,吸引更多的年轻人参与到民间工艺美术的学习和传承中来。政府也可以组织专业人士来开展民间工艺美术培训,传授民间工艺美术的工艺知识,从而提高人们对民间工艺美术的传承能力水平。

增设文化生产体验模块是开展民间工艺美术类遗产保护工作过程中可以采取的措施之一。通过建立互动式的非遗文化保护新形式,非遗保护主体可以提供展示和传承平台,促进民间工艺美术与现代产业的融合,提供培训和教育的场所,推动民间工艺美术的发展。这种新形式的非遗文化保护有助于激发公众的文化意识,保护和传承传统工艺的独特魅力,使其在现代社会中焕发新的生命力。

3.与其他产业达成合作,塑造多元协同发展的全新格局

民间工艺美术拥有丰富的文化内涵,是宝贵的非物质文化遗产。然而,在当今社会中,民间工艺美术面临着市场封闭、人才匮乏、传承困难等问题。由此可见,民间工艺美术类遗产保护工作与其他产业的合作是非常重要的,这有利于塑造多元协同发展的全新格局。

民间工艺美术类遗产保护工作与产业进行合作可以获得广阔的市场空间,通过与旅游、文化创意、时尚、设计等产业合作,能够将民间工艺美术的独特魅力展示给更多的人群。例如,在旅游业中,旅游企业可以将民间工艺美术作为旅游产品的一部分,打造特色旅游线路和文化体验活动,吸引更多的游客前来了解民间工艺美术。

民间工艺美术类遗产保护工作在与其他产业的合作过程中可以吸取新的设计理念和创新元素。民间工艺美术虽然具有独特的魅力,但也需要与时俱进,融入现代化的审美元素。民间工艺美术类遗产保护工作与设计师、艺术家等产业合作,可以为民间工艺美术注入新的设计理念、技术手法和创新元素,使民间工艺美术焕发出新的生命力。

由于民间工艺美术的复杂性和专业性,人才的培养一直是一个难点。而民间工艺美术类遗产保护工作与其他产业的合作还可以促进民间工艺美术的传承与相关人才培养,通过与教育、培训等产业合作,可以组织专业的培训课程、学习交流活动等,吸引更多的年轻人投身于民间工艺美术的学习和传承,保证民间工艺美术能够发展下去。

(二)优化政策补给,促进民间组织参与保护

1.高校开设相关课程,塑造长期发展保护局面

政府要指导高校先整合教育资源,开设非物质文化遗产相关课程,包括民间工艺美术等内容,培养相关专业人才。高校可以将这些课程当作选修课,吸引有兴趣的学生,为民间工艺美术的发展提供人才储备。这样还可以使越来越多的年轻人了解民间工艺美术,延长民间工艺美术的寿命。

高校要完善实践教学环节,组织学生参观民间工艺美术保护区域、参与工艺制作,使学生亲身感受和了解民间工艺美术的魅力。

2.政府制定保护合作政策,呼吁地方企业贡献力量

在民间工艺美术类遗产保护工作中,政府的保护合作政策与地方企业的贡献力量是至关重要的。政府应设立相关政策,以保护、传承和发展民间工艺美术遗产,同时呼吁地方企业积极参与和贡献力量,共同推动遗产保护工作的开展。

首先,政府在民间工艺美术类遗产保护工作中的角色至关重要。作为国家的治理者和决策者,政府拥有调动各方面资源、制定政策和法规的权力,能够在保护工作中发挥重要作用。政府应设立相关政策,明确遗产保护的目标、原则和具体措施,为保护工作提供指导和支持。政府还可以提供财政资金、人力资源和技术支持,帮助传统手工艺人、工艺社群和相关机构进行保护、传承和发展。

其次,政府还应积极营造良好的法律环境和市场环境,加强对民间工艺美术遗产保护的法律保障和监管。政府可以通过制定相关法规和标准,保护民间工艺美术遗产的知识产权和商标权,打击假冒伪劣产品的生产和销售,维护市场秩序。政府还可以加强对民间工艺美术遗产从业者和相关机构的扶持和培训,提升他们的技能和创新能力水平,帮助他们更好地参与保护工作。

最后,政府还应积极引导和支持地方企业参与民间工艺美术遗产保护工作。地方企业作为经济社会发展的重要力量,具有丰富的资源和创新能力,能够为遗产保护工作提供重要支持。政府可以通过减税、贷款、奖励等方式,鼓励地方企业投资和创新,开展与民间工艺美术遗产保护相关的产业和项目,促进遗产保护与经济发展的有机结合。政府还可以加强与地方企业的沟通和合作,建立起长期稳定的合作机制,共同推动遗产保护工作的开展。

同时,政府还可以引导地方企业在民间工艺美术类遗产保护工作中发挥更大作用。地方企业可以为传统手工艺人提供市场渠道和销售平台,促进其作品的传播和销售。地方企业还可以与民间工艺美术从业者合作开展设计创新,将传统工艺与现代设计相结合,推出更具市场竞争力的产品。通过与地方企业的合作,民间工艺美术的传统技艺和工艺特色可以得到更好的保护和传承,同时也能够创造就业机会,推动地方经济的发展。

总之,在民间工艺美术类遗产保护工作中,政府的保护合作政策与地方企业的贡献力量是不可或缺的。政府应设立相关政策,为保护工作提供指导和支持,并加强对遗产保护的法律和市场监管。地方企业应积极参与保护工作,提供资源支持和市场推广,与传统手工艺人合作开展创新项目,共同推动遗产保护与经济发展的有机结合。只有政府和地方企业共同努力,才能真正做好民间工艺美术遗产保护工作,传承和发展这一宝贵的文化遗产。政府务必要重视文化遗产保护的新计划是否能够长期执行。[①]

3.与现代艺术产业长期合作,连接时代促进长远发展

在民间工艺美术类遗产保护工作中,政府要促使民间工艺美术类非物质文化遗产与现代艺术产业长期合作,这是推动非遗保护工作发展的重要策略。这种合作可以使非遗能够与时代连接,促进民间工艺美术的长远发展,并为现代艺术产业注入更多的文化价值。

传统手工艺是民间工艺美术的重要组成部分,但传统技艺常常面临传承困境。通过与现代艺术产业合作,传统手工艺人可以学习和吸收现代艺术的创新理念和表现方式,将传统技艺与现代艺术相结合,创作出更具时代感和创新性的作品。这种合作不仅有助于传统手工艺的传承和发展,还可以推动非遗的创新与融合,使之能够与现代社会需求相匹配。

现代艺术产业具有广泛的市场渠道和艺术品销售平台,通过与现代艺术产业合作,可以帮助非遗作品更好地进入市场,扩大其影响力和知名度。同时,这种合作还可以提升非遗作品的附加值,塑造良好的品牌形象,推动非遗市场价值的提升。这不仅能够为传统手工艺人提供更多的就业机会和经济收益,也能够促进非遗的长远发展与可持续保护。

民间工艺美术类遗产保护工作通过与现代艺术产业合作,可以将非遗作品更好地推广给公众,提升非遗的曝光度,扩大受众目标范围。这有助于提高社会对民间工艺美术的认可度和重视程度,促进非遗传统文化的传播与弘扬。同时,这种合作也可以为非遗作品提供更多的文化解读和表达机会,让更多的人了解和欣赏民间工艺美术的独特魅力,这有利于推动非遗文化的传承和发展。

在民间工艺美术类非物质文化遗产与现代艺术产业长期合作的过程中,我们还需要注意一些问题。一是合作应以尊重传统手工艺人和非遗传统为前提,避免对传统技艺的扭曲和商业化。二是合作要注重保持非遗的原创性和独特性,避免过度借鉴和模仿现代艺术的风格和形式。三是合作还应关注非遗的可持续发展和保护,避免过度商业化带来的非遗价值的偏移。

---

① 孙境泽,徐昌斌.民族民间工艺美术非物质文化遗产保护策略[J].山东农业工程学院学报,2023,40(6):106-110.

第三节　传统制造技艺类遗产保护研究

一、传统制造技艺类遗产的价值

非物质文化遗产作为中华优秀传统文化的重要组成部分，其精神内涵与表达形式也应随着时代变化不断丰富和发展。作为唯一不断代传承的文明古国，我国的非物质文化遗产极为丰富，特别是传统技艺方面的资源尤为突出。在进一步做好文化传承发展的基础上，持续挖掘传统制造技艺类非物质文化遗产的价值，对于强化文化纽带、提升文化自信具有重要意义。

（一）有利于增强大众的文化认同感

传统制造技艺类非物质文化遗产具有言传身教的特性，在保持社群文化的认同感和持续性上具有先天优势。文化认同一方面来自文化主体对自身的认同，另一方面来自其他群体、民族对文化主体所确证的文化的接纳与承认。文化是在特定地域经过长时间的发展逐渐形成的。传统制造技艺类非物质文化遗产通过言传身教将技艺的诀窍代代相传，形成了代际传承关系，在人与自然、社会以及自我的交互中形成了特定的行为模式和社会文化规范，也逐渐形成了特定的社群环境，逐渐形成属于这个社群的文化。在这个过程中，人们会逐渐被社群文化影响，从而逐渐产生文化认同感。传统制造技艺等非物质文化遗产承载了许多传统文化，例如陶器上的图案与陶器的制作工艺等都能够体现出传统文化的特征。再如，不同的传统茶具有不同的用途，能够使人们在观赏和使用的过程中了解传统茶文化，了解茶具制造技艺。

（二）有利于增强民族自豪感与文化自信

传统制造技艺类非物质文化遗产对于保留手工传统的严苛要求，凸显出人作为劳动者的非凡智慧和价值，有助于进一步增强民族自豪感和文化自信。传统制造技艺类非物质文化遗产一方面没有历史断裂，另一方面集中体现劳动者的技艺技法，是在历史维度上考察人的重要实践。人类社会进入工业化后，机器代替手工成为一种趋势，如今的智能化在某种程度上也在加速这一进程。在传统制造技艺类非物质文化遗产中,保留手工传统的严苛要求,凸显了人作为劳动者的不可替代性。传统制造技艺类非物质文化遗产的手工技艺正是对人类劳动价值的尊重和肯定。①

(三)有利于丰富人民群众的精神生活

手艺人和手工艺品的双重升级转变,促进了传统技艺艺术价值的重新认定,进而提升人民群众的文化品位、丰富人民群众的精神世界。手工从业者实现了从手艺人到非物质文化遗产传承人的身份转变,使得手工艺品具有艺术品的性质。对非物质文化遗产代表性传承人的认定,也在一定程度上使其成为非物质文化遗产的代言人,成为中华优秀传统文化的传承者。在手工业时代,手艺人虽然掌握了一定的手工业生产技术,但在"士农工商"的传统社会阶层划分中,其处于"工"这一阶层,社会地位并不高。而当代社会对代表性传承人的认定、艺术设计者和相关理论话语的介入、新闻媒体的宣传推广,使手艺人文化传承者的身份得以显现。这样的转变既与传承中华优秀传统文化的时代要求相呼应,又与传承人提升自身地位以及承担社会文化责任的意识觉醒相联系。

二、传统制造技艺类遗产传承与发展的路径

非物质文化遗产的保护传承是伴随着现代化、城市化出现的时代命题。传统制造技艺类非物质文化遗产的传承与发展,需要适应社会发展趋势,把握消费动向和需求,在满足人民需求中传承发展,在弘扬中华文化中增强自信。

(一)强化师徒传承机制,注重从仪式到审美的完整传承

传统的师徒关系仅次于父子关系,通过拜师礼仪建立师徒关系,更加具有仪式感与庄重性。"口传身授"是师徒传承的重要方式。从审美的角度看,中国传统工艺自古以来就注重空间的韵律感,讲究"手感轨迹",强调对曲线、流体的把握,通过不同维度的审美体验最大限度地给欣赏者美的体验。非物质文化遗产的保护与传承需要强化师徒传承机制,不仅原原本本地传承技艺技法,也需要完成审美经验的延续。

---

① 刘立云,贺云翱.传统技艺类非遗传承发展的三重价值[J].人民论坛,2022(24):123-125.

(二)创新沉浸体验模式,增强文化感染力和传播力

观摩与亲身体验是对传统制造技艺类非物质文化遗产最为直接的认知方式。创新传统制造技艺类非物质文化遗产的展览内容与形式,可以获得更好的文化传播效果。汉服是中国传统服饰,中国自古就有"衣冠上国,礼仪之邦"的美称。人民群众通过感受汉服之美,可以体察所谓"服章之美谓之华,礼仪之大谓之夏";通过穿着汉服参与手工体验,可以体验"服章礼仪"的场景,在展现技艺的同时,也可以宣传与之相关的服饰文化。传统制造技艺类非物质文化遗产可以将日常生活审美化,让人民群众赏析生活的艺术,把艺术的生活带回家。

(三)持续扩大传统制造技艺类遗产的影响力

近年来,各地兴起了拍摄传统制造技艺类非物质文化遗产纪录片的热潮。传统工艺作为一种文化资源,经过语言、光影、镜头的修饰,成为具有视觉美感和听觉冲击力的纪录片,满足了人民群众对中华优秀传统文化的审美期待。然而,在时下流行的短视频平台上兼具专业性和趣味性的传统制造技艺类非物质文化遗产视频数量并不多。传承人是非物质文化遗产的重要承载者和传递者。传承人可以参与数字作品创作,运用视听语言对项目特点进行深挖,结合传承人技艺特点,突出"见人、见物、见生活"的主题,形成线上线下的融合互动。同时,可以根据传统工艺特点,依靠文献资料、民俗实物、口述材料考证,以数字化的方式对传统工艺进行复原展示,展现古人的文化创造和老百姓的乡土记忆。以影像书写传统工艺史,能够避免"人在艺在,人亡艺亡"的传承困境。这类数字化的文化产品,在不断满足人民群众精神文化需求的同时,让群众学到了知识,也得到了中华优秀传统文化的熏陶,实现了公共文化产品的美育功能。

(四)把非遗文化传承与推进乡村振兴战略有效结合起来

乡村振兴战略和技艺振兴恰似一个硬币的两面。非遗文化的传承对于保护和发扬中华民族的传统文化具有重要意义,同时也应该与乡村振兴战略相结合,这样能够推动农村经济发展,改善农民生活水平,并且有助于实现城乡一体化。

非遗保护部门可以建立非遗保护村落。非遗保护村落以非遗文化为核心,通过整体保护、修复和利用传统建筑、文化景观等资源,打造出具有地方特色和

文化传承功能的乡村景观。非遗保护村落可以将传统制造技艺遗产与旅游业相结合,吸引更多的游客前来体验,从而提升乡村经济发展水平。

非遗保护部门可以引导农民参与到传统制造技艺遗产传承中来。在乡村振兴战略进程中,非遗保护部门可以引导农民参与非遗传承活动,通过培训使农民掌握非遗技艺,进而提高他们的技能水平。同时,非遗保护部门要鼓励农民创新,将传统制造技艺与现代生产需求相结合,开发出更多有竞争力的产品。

非遗保护部门还可以建立非遗创业项目,通过培训鼓励农民创业,使农民能够增加收入,提高生活水平,同时保护和传承传统制造技艺遗产。在传承非遗文化的过程中,非遗保护部门可以适当引入现代科技手段,通过互联网平台进行非遗制造技艺的推广和传播,或者利用虚拟现实技术手段展示非遗产品的细节。这样不仅可以提升非遗制造技艺的传承效果,还可以开拓传统制造技艺遗产的发展空间。

非遗文化是中华优秀传统文化的重要组成部分。保护和传承非遗文化对于继承和发展中华优秀传统文化具有重要意义。我们将非遗文化传承与乡村振兴战略相结合,可以通过对非遗文化资源的整理、保护和利用,更好地传承和弘扬传统文化,为后代留下宝贵的文化遗产。实现乡村经济发展是乡村振兴战略的目标之一。传承和发展非遗文化可以带动当地的乡村旅游业等产业的发展,提高居民生活水平。同时,非遗文化的传承和发展可以推动传统农产品的品牌化和差异化,增强其市场竞争力。我们将非遗文化传承与乡村振兴战略相结合,可以促进城乡一体化发展。非遗文化作为乡村的特色资源,可以成为城市和农村之间的桥梁和纽带,推动城市与农村的交流与合作;可以改善农村的文化环境和生活品质,增强农民的文化自信心,促进城乡人口的交流和互动。

(五)开发以文化创意为核心的传统制造技艺类非遗元素

以文化创意为核心的传统制造技艺类非遗元素衍生开发融合路径,是通过深入挖掘和利用传统制造技艺类非遗项目的文化内涵和技艺,将非遗元素与现代文化创意相结合,推动传统制造技艺类非遗与文化创意产业的深度融合,实现非遗的传承和发展,同时促进文化创意产业的创新和发展。[1]

---

[1] 胡义秀,胡丽婷.传统制造技艺类非遗生产性保护与文化创意产业发展[J].天工,2023(24):29-31.

首先，非物质文化遗产保护工作者需要挖掘非遗元素的文化内涵。传统制造技艺类非遗元素通常具有丰富的文化内涵，因此，非物质文化遗产保护工作者在开发过程中应该注重挖掘和突出其独特的文化价值。例如，非物质文化遗产保护工作者设计关于传统制造技艺的产品时，可以加入传统文化符号或故事，使产品更具有文化特色和艺术性，使消费者有购买欲望。

传统制造技艺类非遗元素是非遗文化的重要组成部分，开发和利用这些元素有助于激活非遗文化资源，推动非遗文化的传承和发展。同时，开发以文化创意为核心的非遗元素也可以为当地经济发展提供新的动力和机遇。

其次，非物质文化遗产保护工作者可以大胆引入创意设计，在开发以文化创意为核心的传统制造技艺类非遗元素时，注重创新和设计。非物质文化遗产保护工作者通过引入创意设计的元素，可以提升产品的附加值。例如，非物质文化遗产保护工作者在传统制造技艺中加入现代元素，能够使产品更具时尚感和个性化。开发以文化创意为核心的传统制造技艺类非遗元素有利于传承和发展传统制造技艺。传统制造技艺是中华民族的宝贵文化遗产。通过创新和设计，传统制造技艺能够与现代市场需求相结合，为传统制造业注入新的活力和动力。

开发以文化创意为核心的传统制造技艺类非遗元素有利于提高非遗产品的附加值，增强产品的竞争力。引入文化创意元素可以使非遗产品更具有独特性和艺术性，增强其市场竞争力。通过创新发展，传统制造技艺类非遗元素能够得到更好的宣传和推广，吸引更多消费者的关注。

再次，非物质文化遗产保护工作者可以引导年轻人创新创业，更好地传承和发展传统制造技艺类非遗元素。通过创新和创业，非遗元素能够更加适应现代市场需求，增强产品的市场竞争力。同时，年轻人的参与也有助于传统技艺的传承和创新发展。文化创意产业是新兴的产业领域，具有广阔的发展前景和巨大的市场潜力。开发以文化创意为核心的传统制造技艺类非遗元素，可以促进文化创意产业的发展，吸引更多创意人才和投资，推动文化创意产业的壮大和升级。

最后，非物质文化遗产保护工作者需要引入科技手段进行制造过程的优化，在传统制造技艺类非遗元素的开发过程中，引入现代科技手段，例如数字化设计、智能制造等，从而优化产品制造过程。这有助于提高产品的制造效率和质量水平，使产品满足市场需求。

第四节　民俗节庆礼仪类遗产保护研究

一、民俗节庆礼仪的价值

节庆礼仪类民俗作为广泛民俗中的一种,它不仅能够对人们起到教化教育的潜移默化的影响,还能约束和控制人们的意识行为,在娱乐大众的同时也能给人以美的享受,进而维系中华民族传统文化的向心力和凝聚力。正是民俗节庆礼仪本身所具有的各种重要价值,我们才更需要对节庆礼仪类民俗进行特殊性保护。

(一) 历史文化价值

节庆礼仪类民俗的产生和传播不能脱离它存在的特定的历史背景,那么这些民俗本身就烙上了鲜明的时代印记,也就可以说每一种流传下来的民俗都承载了深厚的历史价值。尤其是节庆礼仪类民俗,更是与人们的生活息息相关,人们是各种民俗的主角。传统节庆礼仪就像是一块块活生生的化石,这对于研究历史时期人们衣食住行等都有着重要的意义。这些节庆礼仪类对于方志学、地方史以及社会学等各项学科的研究都具有重要价值。中国地大物博,从《山海经》等各种古典文献早已能看出中国人民丰富的想象力,在这样一片时时能够孕育各种神话传说的土地上,人们世代流传着三皇五帝的传说。传说故事也为节庆民俗增添了许多喜庆神秘的色彩,而礼仪类的民俗处处见于《周礼》等文献资料,这些保留千百年的传统礼仪对于历史研究也有着重要的意义。

(二) 教育价值

有些人可能会将某些节庆礼仪类民俗和封建迷信联系到一起,其实不然,节庆礼仪类民俗体现了中华民族的创造力。不同地区的节庆礼仪显示着不同地区的地方风格和特色。这些节庆礼仪类的民俗大多有着悠久的历史,大多反映了人们对于美好生活的一种寄托,也是研究人类学和民俗学的活的材料。它们在反映神话传说或者日常生活的同时也有一种图腾崇拜的意味,这些东西对于人们了解古代历史有着直接的教育意义。古代礼仪类民俗大多围绕着"仁、义、礼、智、信"等传统美德展开,这些对于社会主义道德建设都有着举足轻重的作用。

中国传统的节庆礼仪类民俗都是中国传统文化的缩影,之所以流传千百年而不衰,都是因为经过了人民群众的选择和甄别的,它们对于传承传统文化、教育子孙后代都有着重要的意义。

(三) 经济价值

节庆礼仪类的民俗属于非物质文化遗产的范畴,物质文化遗产的经济价值是比较明显的,它们都可以开发成旅游景点,进而直接获取门票收入和其他各项收入。但非物质文化遗产的经济价值则会受到质疑。其实非物质文化遗产的经济价值不仅可以实现而且可以形成一种文化产业,从而获得更高的经济价值。文化创意产业为文化遗产真实性的传播、延续提供了新理念、新渠道、新方式,也为文化遗产资源突破时空限制、深入民间开辟了新境界。①

例如"印象刘三姐"的旅游活动就成为一种文化产业,给该地区带来了巨大的经济效益。"禅宗少林大典"和清明上河园的"东京梦华"也都显示出了不俗的经济效益,所以只要策划得当,立意准确,大力宣传,那么非物质文化遗产也可以在旅游市场上显现强大的生命力和吸金能力。节庆礼仪类民俗也可以与文化创意产业相结合,开发出一些独具民俗特色产品,这些产品所带来的经济价值又可以用于保护民俗节庆礼仪类遗产,这就形成了一个良性的循环。

(四) 科学研究价值

节庆礼仪类民俗伴随着历史代代流传下来的宝贵的鲜活资料,它对于历史学、民俗学、方志学、考古学、文献学等多学科的研究工作具有极大的价值。对于民间杂技、民风民俗、神话传说、曲艺舞蹈的研究,一方面丰富了各个领域的科研理论,另一方面这些研究成果也丰富了人们对于节庆礼仪类民俗的认知,使得它们的知名度更高,吸引力更强,这些对于保护节庆礼仪类民俗也更能得到群众的共鸣。你想要保护一个事物,如果人们连听都没有听过,他们又怎么会支持你的保护行为呢?所以说节庆礼仪类民俗本身的科学研究价值反过来也会有利于对其自身的保护。

---

① 王运良.文化遗产旅游开发与提升要素研究[J].中国名城,2023,37(2):57-63.

(五)休闲娱乐价值

节庆礼仪类民俗的种类很多,二十四节气、传统节日、嫁娶丧葬各种礼仪,这些民俗大多体现着中国古代"慎终追远"的传统理念,同时也是广大人民群众精神追求的产物。在现代社会,这些民俗活动也给身处钢筋混凝土里的人们以精神上的抚慰,比如众所周知的傣族泼水节,现在已经不仅仅是傣族人民在参与,每年都有众多的汉族人民不远千里赶去体验泼水节带来的愉快。春节作为中国最重要的传统节日就更不必说了,亿万中国人民都会在这一天忘记工作的压力与疲惫,尽情享受着春节全家团圆举国同庆的喜悦,众多的商场也开始了商业大战,即使是美国等西方国家也都会努力在这个华人节日里分一杯羹。这些细节显示节庆礼仪类民俗具有极高的休闲娱乐价值和巨大的经济价值。

二、民俗节庆礼仪类遗产保护——生态博物馆与文化生态保护区

节庆礼仪类民俗与环境的联系十分密切,周围的人文环境直接关乎它的生存与否。民俗节庆礼仪是各个民族都有的传统文化之一,具有浓厚的民族色彩和极高的研究价值。然而,随着城市的发展和现代化的推进,许多民俗节庆礼仪逐渐式微甚至消失。为了保护和传承这些宝贵的非物质文化遗产,我国采用构建生态博物馆和文化生态保护区的方法。

生态博物馆能够将自然生态和民俗节庆礼仪这种非物质文化遗产相结合,有效地保护和展示民俗节庆礼仪文化遗产。通过建设生态博物馆,当地非物质文化遗产保护部门可以将民俗节庆礼仪与自然环境有机结合,形成一种独特的文化生态景观。生态博物馆通常包括展示区、观赏区、研究区和教育区等功能区域。生态博物馆中的展示区通过丰富的展品和多媒体展示手段,向游客介绍民俗节庆礼仪的历史渊源、相关文化知识和重要人物等。生态博物馆中的观赏区则以真实的自然环境为背景,使游客能够亲身感受和参与传统节庆礼仪,增加文化体验和互动性。生态博物馆中的研究区则是专门为学者和研究人员提供的场所,用于分享研究和保护民俗节庆礼仪的相关知识和资源。生态博物馆中的教育区则是专门用于举办展览、讲座、培训等教育活动的场所,通过开展文化教育,加深大众对民俗节庆礼仪的理解。

生态博物馆是20世纪90年代中期以来在欧洲最先兴起的保护方式。以

村寨社区为单位,进行整个环境整体保护。1995年中国与挪威两国政府联合建立亚洲第一个生态博物馆——贵州六枝地区梭戛生态博物馆。之后又在全国建立了十几处生态博物馆,对于保护一个区域的文化遗产(物质的或非物质的)都有很好的作用。如广西河池市南丹县里湖怀里村的蛮降屯是白裤瑶的聚居地,那里的生态环境没有遭到严重破坏,因此,其本身的条件适合建造生态博物馆。此地的生态博物馆展示了白裤瑶族的民俗节庆礼仪文化,吸引了许多人前来参观,这带动了当地其他相关产业的发展,有利于当地居民生活水平的提升。东部沿海地区也有浙江安吉生态博物馆,建成一个中心馆,十二个专题生态馆,多个村落文化展示馆,将县域非物质文化遗产纳入里面,也有许多成功之处。

构建文化生态保护区也是一种重要的保护和传承民俗节庆礼仪的形式。文化生态保护区是指为保护和传承民俗节庆礼仪等非物质文化遗产而设立的特定区域,通常是具有民俗文化遗产特色的乡村、社区或景区。文化生态保护区充分利用自然生态和人文景观资源,打造出一个能够真实展示和传承传统节庆礼仪的环境。文化生态保护区中设置有传统建筑、文物展览馆、表演区、习俗体验区,通过这些设施和区域向游客展示和传承传统节庆礼仪的全部过程和内涵。此外,文化生态保护区还应加强对当地社区的保护,鼓励当地社区积极参与,通过社区的自发性组织,定期举行传统节庆礼仪活动,增强社区居民的亲身参与感和认同感,从而推动民俗节庆礼仪的传承和发展。文化生态保护区是我国非遗保护运动的新路径,其申报与设立、建设与管理等环节涉及数量众多的非遗项目多方传承主体、保护主体,以及复杂多变、层次多样的文化生态系统。①

文化生态保护区也是一种探索性的保护措施。国家级文化生态保护区是根据《国家"十一五"时期文化发展规划纲要·民族文化保护》中提出的"确定10个国家级民族民间文化生态保护区"这一目标而建设,经文化和旅游部同意建立。由于目前仍处试验性阶段,因此各保护区暂定为"文化生态保护实验区"。

迄今全国共有14个国家级文化生态保护区。

(1)闽南文化生态保护实验区(福建省);

(2)徽州文化生态保护实验区(安徽省、江西省);

---

① 赵尔文达."文化生态保护区"研究:现况与展望[J].青海民族大学学报(社会科学版),2021,47(4):161-169.

(3)热贡文化生态保护实验区(青海省);
(4)羌族文化生态保护实验区(四川省、陕西省);
(5)客家文化(梅州)生态保护实验区(广东省);
(6)武陵山区(湘西)土家族苗族文化生态保护实验区(湖南省);
(7)海洋渔文化(象山)生态保护实验区(浙江省);
(8)晋中文化生态保护实验区(山西省);
(9)潍水文化生态保护实验区(山东省);
(10)迪庆文化生态保护实验区(云南省);
(11)大理文化生态实验保护区(云南省);
(12)陕北文化生态实验保护区(陕西省);
(13)客家文化(赣南)生态保护实验区(江西省);
(14)黔东南民族文化生态保护实验区(贵州省)。

文化生态是一个整体的系统,具有开放性,并且不是固定的,而是富于变化的。文化生态系统是由文化、经济、思想等组成的一个有机的系统。在此基础上,非物质文化遗产保护部门重视文化生态保护工作,并提出了相应的对策。非物质文化遗产保护部门建立了完善的文化生态保护区,从而有效地保护民俗节庆礼仪等非物质文化遗产。

利用这一原生态的文化环境,就可以开展多种多样的传统节庆活动,使一些在其他地区已经不复存在的节庆活动,借助这类"特区"能够得以延续,应该说是一个比较可行的方案。

从几年来的实践看,生态博物馆和文化生态保护区在保护一个地区自然文化生态,延缓非物质文化遗产的蜕变等方面有一定的作用,也产生了一定的效果。它确实在一定范围内对某一个民族或区域的节庆礼仪民俗进行了较好的保护,如保护好当地的生产生活方式,保护好这个区域的文化空间,保护好原有的民俗活动。

但这些只能是局部的保护,节庆礼仪民俗更多的还是一个全国的、全民族的非物质文化遗产,是由全民集体传承的,因此保护的难度更大,面临的问题也更复杂;在借鉴这些地域性保护经验的基础上,还需要进一步探讨整体保护的方法以及可持续发展的保护方案,才能使传统节庆礼仪的保护工作更加有效。

第五节　民间口传文化类遗产保护研究

一、民间口传文化的抢救内容以及价值意义

从民间文学的定义来看,"口头传承"是其区别于正统的文人文学、书面文学的一个标志性特征,既揭示了民间文学与语言媒介传播之间的密切关系,又表明了其存在和传播的基本形态。① 民间口传文化由方言口头文化和民族语口头文化两部分组成。以下是民间口传文化抢救工作内容。

第一,民间口传文化的抢救内容包括对民间口传文化进行深度调研和挖掘。民间口传文化通常以口述和传承为主要方式,而其中的很多文化元素没有得到充分的整理和记录。因此,非物质文化遗产保护部门需要组织专业的调研团队,深入社区和农村地区,与老一辈的文化传承人进行交流和访谈,了解他们所掌握的传统文化知识和技艺。同时,非物质文化遗产保护部门还可以通过民族文化调查问卷、音频、视频等多种方式进行材料的搜集和整理,确保民间口传文化能够得到传承。

第二,民间口传文化的抢救内容包括加强对民间口传文化传承人的培训和保护。民间口传文化的传承往往依赖于特定的人员,他们是传统文化的活化石和传承者。为了保证民间口传文化能够得到传承,非物质文化遗产保护部门需要对这些传承人进行培训。培训工作可以包括传统技艺的传授、口述文化的教育和传承技巧的培养等。同时,非物质文化遗产保护部门还要加强对传承人的保护,提高他们的社会地位,增强他们传承民间口传文化的动力。

第三,民间口传文化的抢救内容包括推动传统文化的创新和传承。传统文化的传承不能仅仅停留在保守和重复的层面上,还需要进行创新和发展。非物质文化遗产保护工作者要注重对传统文化的继承和发扬,将其融入现代社会中,使其与现代生活相结合,满足现代人的需求。例如,非物质文化遗产保护工作者可以通过创新的方式展示传统技艺和文化,包括举办展览、表演等活动,吸

---

① 刘焕利.我国少数民族民间文学的保护与传播研究[J].齐齐哈尔大学学报(哲学社会科学版),2023(3):10-13.

引更多的年轻人参与进来。

民间口传文化的抢救工作具有重要的价值意义。

首先,民间口传文化是一个国家或地区的独特标志和文化符号,是民族文化的重要组成部分。非物质文化遗产保护工作者通过抢救和传承民间口传文化,可以增强人们对民族文化的认同感和民族凝聚力,扩大民族文化的影响范围。

其次,民间口传文化是人们智慧的结晶和精神的寄托,具有丰富的社会和人文内涵。非物质文化遗产保护工作者通过抢救民间口传文化,能够使人们更好地了解自己的文化根源,从而提升人们的文化素养和审美水平。

最后,民间口传文化是人类文明共同的财富,是人类共同的文化遗产。非物质文化遗产保护工作者抢救民间口传文化可以维护人类文明的多样性,促进各个民族进行交流与合作。

二、民间口传文化类遗产保护策略——基于SWOT分析

(一)优势(Strengths)

1.人民日益增长的精神文化需求呼唤丰富多彩的文化形式

在现代社会中,人民日益增长的精神文化需求促使民间口传文化必须拓宽发展渠道,发展出更多的文化形式,以满足这个需求。这是保证民间口传文化类遗产多样性的一个动力源泉。

2.大数据时代民间口传文化保护出现新的模式和方法

随着科技的发展,人们挖掘出了大数据时代中的高科技工具的更多价值,用来保护民间口传文化。如今,人们常用资源数字化技术来整理和保护民间口传文化,用图像、视频等方式完整地保存民间口传文化类遗产。

(二)劣势(Weaknesses)

农业文明面临着工业化的冲击,新媒体成为人们获取信息的重要渠道,这都使民间口传文化逐渐减小传播范围。在这样的背景下,人们难以认识到民间口传文化类遗产的重要性。此外,民族语言的生命力不如从前,这也不利于民间口传文化的发展。

(三)机会(Opportunities)

近年来,国家不断加大保护和传承民间口传文化类遗产的政策支持力度,投入大量资金和资源,制定了相关法律法规,有力地保护了民间口传文化类遗产。

互联网技术的快速发展也为民间口传文化类遗产的保护和传承提供了新的机会,使民间口传文化类遗产可以通过互联网平台传播出去,吸引更多人的关注。

随着人们对于传统文化的重视程度的逐渐提高,人们对于保护和传承民间口传文化类遗产的需求也在增加,这为民间口传文化类遗产保护工作提供了机会。

(四)威胁(Threats)

方言或民族语言消失,该语言负载的文化也随之消失,仍会说唱口传文化的群众愈来愈少,缺乏代际传承,即将面临消亡。①

语言或民族语言的消失意味着承载该语言文化的消亡。传承民间口传文化类遗产的人群数量逐渐减少,缺乏代际传承,这使民间口传文化类遗产面临无人传承的威胁。另外,有些民间口传文化类遗产只有少数文化传承人,这些文化传承人一旦离世,民间口传文化类遗产的传承就会面临困境。

---

① 蔡梦月.民间口传文化的保护记录与活态传承策略[J].区域治理,2019(39):251-253.

第三章 非物质文化遗产保护基本方式

通过对我国非物质文化遗产保护现状进行分析,我们可以发现我国非物质文化遗产保护方式主要有生产性保护方式、抢救性保护方式、整体性保护方式和群体性保护方式等四种基本方式,并呈现出互补与融合的关系。非物质文化遗产作为现代性的产物,对其保护是人类的共同活动,是对文化多样性和多元化存在诉求的回应,呈现出系统性和综合性特点。[①] 科学合理地保护非物质文化遗产,推动我国非物质文化遗产保护工作高质量发展,是新时代非物质文化遗产保护工作的重要命题。

第一节 生产性保护

一、非物质文化遗产生产性保护的含义

生产性保护是中国非物质文化遗产保护的第一种重要方式,这一概念已在保护实践中得到广泛认同。它指在具有生产性质的实践过程中,以保持非物质文化遗产的真实性、整体性和传承性为核心,以有效传承非物质文化遗产技艺为前提,立足项目的生产性恢复、实施、发展,借助生产、流通、销售等手段,在技艺传承中体现非物质文化遗产的经济资源价值,还原以生产方式建立的非物质文化遗产历来与人们生活的相关性,并在当代非物质文化遗产保护中从自身生产过程获得持续传承、发展的经济保障。目前,这一保护方式在非物质文化遗产项目中的各类传统技艺、传统美术和传统医药药物炮制等领域实施,成为非

---

① 仇兵奎.非物质文化遗产保护方式的演变及优化[J].晋中学院学报,2023,40(4):28-31.

物质文化遗产项目以内在动力的自我生发而保持其持续、科学传承的有效方式。非物质文化遗产生产性保护的出发点和落脚点在于非物质文化遗产的保护和传承的持续性。生产性保护方式的实施要求遵循非物质文化遗产传承发展的规律，处理好保护传承和开发利用的关系，始终把保护放在首位，坚持在保护的基础上合理利用。生产性保护尊重非物质文化遗产生产方式的多样性，坚持传统工艺流程的整体性和核心技艺的真实性。国家级非物质文化遗产生产性保护示范基地的认定，是我国践行非物质文化遗产生产性保护方式的具体体现。

生产性保护是中国在保护非物质文化遗产的实践中，针对传统技艺、传统美术和传统医药类等具有较强的实践性、社会参与性，并且在市场环境中具备较强生存能力的非物质文化遗产项目提出的保护方式。非物质文化遗产生产性保护最重要的意义就是将现代性最重要的方面，即生产现代性，引入了非物质文化遗产保护工作。生产性保护的理念，站在经济学的角度，提出非物质文化遗产与社会经济发展接轨的设想，让非物质文化遗产传承群体凭借自己所掌握的传统技艺从事生产与经营，将传统技艺面对社会的实际进行生产，而不仅仅是技艺搁置在表演台上。[①]

二、非物质文化遗产生产性保护的核心

非物质文化遗产传统手工制作技艺类项目产品的展示大概流程是：材料-生产-流通-再生产-销售。非物质文化遗产项目在这个生产实践中得到了传承，主要是在实践的过程中，来延续和保持非物质文化遗产的真实和完整，所以"生产性保护"是非物质文化遗产项目的核心，而技术是保护完整性的真实性。

生产性保护是在保护非物质文化遗产的前提下，研究保护和发展是什么关系。生产性保护跟商业领域中的生产不一样，主要是利用市场和商业的行为把非物质文化遗产中能转为经济效益的文化转变成经济形式，激发非物质文化遗产的一些动力和活力，文化保护与经济发展的关系得到平衡，因此，发展可以有利于文化保护。有效利用生产和市场，有利于发掘非物质文化遗产的经济价值，自身动力得到了发展，非物质文化遗产项目的传承人，也可以从中获利，同时传承人会不断产生积极主动性，非物质文化遗产的传承队伍建设也会越来越庞大，社

---

① 黄德林.鄂西北农村文化调查[M].武汉：湖北人民出版社，2019：46.

会和经济的效益都同时提高,非物质文化遗产项目就能够得到持续发展。

传统手工制作技艺的"生产性保护"在近年来面临着大量机械化工艺的替代,从而所带来的压迫以及困境。因为许多传统的手工艺品都是人工制作,制作工艺比较复杂,并不适合大批量生产,而且当地的传统手工制作技艺产品绝大多数以私人小作坊进行生产,生产成本比较高。私人小作坊生产出来的量小、经营比较随意、没有统一化管理,生产出来的质量也是参差不齐。老师傅手艺好生产出来质量高,但是老师傅做工细,一件手工艺品需要很长的时间完成。小师傅速度快,但是质量却比较差,产品质量难以保证,很难得到来自外地来旅游群众的青睐,所以经济效益不高。目前,我国从事传统手工制作技艺产品生产的企业数量较少、规模比较小、缺乏对非物质文化遗产文化的敬仰以及对手工制作技艺精神上的追求。

现在许多非物质文化遗产手工艺品都是在旅游景点区自做自卖,都是由老一辈传下来的手艺继续传承,缺乏对传统手工艺品的创新;私人小作坊生产者缺乏长远的发展意识,导致了一些手工艺品品种单一、样式老旧,让消费者选择的品种不多,小作坊因成本亏损放弃传统手工艺品的制作,导致非物质文化遗产项目的濒临灭绝或消失。还有由于产品使用的范围小,许多传统工艺品只能作为礼品或用于收藏,其实用价值不高,与我们的生活关联不密切,没有形成大众化消费,产品几乎毫无影响力。另外,经营者之间以竞争对手的方式存在,缺乏抱团发展的意识,各自发展,致使民族传统手工艺品消费市场局限于私人小作坊,没有完整的销售渠道。[①]

三、非物质文化遗产生产性保护的途径

(一)加大对非物质文化遗产生产性保护工作的资金支持,提高传承人的法律意识

首先,政府要不断加强对非物质文化遗产传承人的资金支持,用充沛的资金使其能保持传承热情,也能不断激发自己参与非物质文化遗产工作的积极性。

其次,政府要组织非物质文化遗产传承人参与法律法规培训活动,使其能

---

① 郭嘉.非物质文化遗产项目生产性保护路径探析[J].卷宗,2020,10(16):362.

通过培训掌握与非物质文化遗产有关的各种法律知识，从而在传承过程中不断规范自己的行为。

(二)提高社会公众对非物质文化遗产的生产性保护意识

就非物质文化遗产保护意识与生产性开发而言，各地方政府要对本地非物质文化遗产现状有一个深刻的认识，制订有关当地非物质文化遗产的发展规划，提高民众对非物质文化遗产的关注程度，同时将非物质文化遗产生产性开发的经济效益与社会效益有机结合起来，实现两者有效统一。①

(三)强化政府相关部门对保护工作的主导，形成相关政策体系

在非物质文化遗产的生产线保护工作开展中，政府以及相关部门能够起到重要的引导和推动作用。各地政府要充分认识到非物质文化遗产对于当地经济社会发展的重要意义，不能盲目地追求城市的现代化发展而将这些传统文化、技艺抛之脑后。

首先，政府及相关部门要加强对非物质文化遗产的宣传推广工作，提高当地居民保护文化遗产的意识，引导人们加入保护工作当中，同时也可以通过宣传引导社会各界力量参与到文化传承、发展当中来。

其次，要加强对非物质文化遗产生产性保护工作的实际落实，避免"重申报、轻保护"的情况出现，可以通过给予相关的传承人一些经济援助或扶持政策等方式，从而使其传承意愿和动力得到加强。

最后，政府及相关部门要深度挖掘和充分发挥非物质文化遗产的社会、经济价值。例如，通过将非物质文化遗产作为旅游特色进行宣传，推动当地旅游业的发展；建立起相关的产业链，带动当地的经济发展；将非物质文化遗产作为部分地区脱贫攻坚的重要渠道之一等。

政府应该在生产性保护过程中发挥主导作用，能结合传承实际建立非物质文化遗产保护的保障体系。此外，还应该发挥宣传作用，加大对非物质文化遗产的宣传，从而使普通民众也能了解各种非物质文化产品，并自觉地传承非物质文化遗产。

---

① 葛武豪,肖洪磊,付育媛.非物质文化遗产的生产性保护研究综述[J].文化创新比较研究,2022,6(32):68-72.

(四)坚持传统文化和传统技艺的核心,保持非物质文化遗产特色

非物质文化遗产之所以有着良好的社会、经济价值,主要是由于其中蕴含了历史的积累,并在传承的过程中形成了强烈的人文性质。因此,在非物质文化遗产的生产性保护工作开展当中,就必须要注意坚持传统文化、传统技艺的核心,保护其特色。以广西壮族自治区的国家级非物质文化遗产为例,对桂剧、彩调、那坡壮族民歌、桂南采茶戏等文化艺术类的非物质文化遗产,要注意做好对传统剧目或作品的保护、传承;对于陶器烧制、壮族织锦、瑶族服饰、侗族木构建筑等生产技艺类的非物质文化遗产,要注意对其工艺流程的保护,在核心工艺中不要过多引入机械生产,对于一些较为普遍的工艺则可以通过现代化技术来提高生产效率,同时还要注意防止假冒伪劣产品的出现;对于京族哈节、瑶族盘王节、宾阳炮龙节等节日类型的非物质文化遗产,要注意保护其节日的核心理念或节日来源,使人们在参与节日的同时能够对相关的历史、文化进行深入的了解。

(五)在生产性保护中引入现代设计、管理理念,满足非物质文化遗产的发展需要

保留非物质文化遗产传统特色不能够故步自封,同时还要积极推动其良好发展。在当前我国的社会经济发展形势下,要想实现非物质文化遗产的良好发展就必须要适当引入现代的生产、设计和管理理念,使其在产品、作品上能够更好地表现出自身特色、更好地吸引人们对其进行了解、成为吸引外地游客的重要对象。例如,在相关产品的经营销售上可以充分借助现代互联网、新媒体等渠道进行宣传,扩大其影响范围;针对现代人们的生活方式和艺术理念对相关产品、作品进行完善、创新等,提高其实用性、艺术性,从而使非物质文化遗产能够更好地融入人们的现代生活当中,为当地经济社会的发展做出更好的贡献。①

(六)创意维度的非物质文化遗产生产性保护

1.非物质文化遗产生产性保护的创意要包含本真性

非物质文化遗产是人类实践的产物,它的"非物质性"强调了以人为核心的

---

① 王素春.中外非物质文化遗产生产性保护实践与探索[J].卷宗,2020,10(14):385.

技艺、经验和精神,蕴含了先辈们在不同时期不同地域的劳动生产生活中产生的对自然、社会及与之相关的一切事物的思考态度、价值观念和生活方式,具有一定文化特质和人文精神,也体现了特定族群的文明体系与文化观念,它蕴含着最为本真的文化内涵和深远的精神根源,是我们了解人类文明进程的重要方式之一。非物质文化遗产的生产性保护要坚持保护传统工艺流程的整体性和核心技艺的真实性原则,要求非物质文化遗产创意不能脱离本真,但有别于原封不动的保护,在精神性上要求守住非物质文化遗产文化之根。

非物质文化遗产的生产性保护要坚持创意的本真性,首先,创意的构建要依托资源的本真,即其客观存在,包括非物质文化遗产生存的文化生态环境、传承体系、呈现方式等,基于此提炼出其精华部分,确保不曲解、不背离非物质文化遗产自身内涵和发展规律,进而结合市场发展趋势推动非物质文化遗产文化产品的更新。面对市场千变万化的需求和科技的进步,许多传统技艺开始借助科学技术手段降低生产成本,提高生产效率,误认为生产性等同于产业化,从而导致核心技艺的缺失和千篇一律复制品的出现,忽视了生产性保护的核心要求,损害了非物质文化遗产的根脉。为推动生产性保护,评估非物质文化遗产传承的有效性,我国设立国家级非物质文化遗产生产性保护示范基地,一方面在保护的基础上推动非物质文化遗产更好地融入生活,丰富人们的精神文化生活,并积极开展非物质文化遗产保护的系列活动;另一方面监督传承保护单位在生产性保护过程中是否坚持非物质文化遗产的本真性、完整性和核心技艺,协调社会效益和经济效益的关系,让示范基地起带头作用,并总结生产性保护的做法,增强传承群体的责任感。

其次,非物质文化遗产生产性保护中的创意本真性并非要求保持其原始状态,而是指一事物仍然是它自身的那种专有属性,是衡量一种事物不是他种事物或者蜕变、转化为他种事物的一种规定性尺度。从存在主义哲学角度而言,它强调个体的独特、真实,是对现代生活平庸化、低俗化的反对,是此在物体在时间中的存在状态。引入文化创意领域,本真性体现出人们对日益技术化、城市化和规制化的现代生活不满,希望通过追求脱离现代性的本真体验来平衡或者对抗现代性给自身身心造成的重大冲击。由此而言,存在的本真体现在非物质文化遗产创意中需构建互动本真和不断更新本真体系,其基础首先要遵循非物质文化遗产呈现出的优秀传统文化中所蕴含的纯朴基因,保有其根和魂,在动态的传承与流变体系中保持自身"专有属性",在相对的文化空间中真实地、综合地、完整地呈现非物质文化遗产,让本真性和生产性相互依存。

2.非物质文化遗产生产性保护的创意要体现生活性

非物质文化遗产保护工作的重要理念是"见人见物见生活",让非物质文化遗产真正回归到人们生活中。非物质文化遗产生产性保护方式要求具有生产实践条件的非物质文化遗产项目在符合自身传承发展特定规律的基础上,通过各种方式增强自身活力,推动非物质文化遗产保护与人们的生产生活紧密结合,在健康良好的氛围中实现非物质文化遗产的延续。尤其手工技艺类非物质文化遗产项目依附于生活实践,其产生是为满足人类生产和生活的基本需要,因而技艺流程、选材用料、依存环境等都具有极强的生活意蕴,它的传承发展一方面离不开掌握技艺的传承人群,另一方面也脱离不了现实生活的需要。虽然随着社会的变革和科技的快速发展,部分非物质文化遗产的功能由于不适应现代生活的需求而逐渐隐退,但作为特殊遗产,其所蕴含的精神在当今仍有潜在价值。作为独特的文化资源,通过创意开发能够使其以另一种生命力在当今生活中延续下去。

创意不是革新,也不是为博人眼球,它的目的是更好地解决一个问题。非物质文化遗产创意生产的目的是解决在现代市场经济环境中如何让优秀传统文化能够合理、有效地世代传承、活态传承,解决如何让持有非物质文化遗产技艺的传承人群生活得更加美好,并且能够有信心使自己掌握的非物质文化遗产技艺后继有人。现代社会中非物质文化遗产的延续更应该注重日常性和民间性,从实用角度而言,不仅让非物质文化遗产"有用",而且还要"好用",延续非物质文化遗产现在功用,更要开发新功用,同时增强非物质文化遗产生产的参与性和体验性,减少表演性,真正让遗产流动起来。

非物质文化遗产虽具有"非物质"性,但大多数非物质文化遗产需依靠物质来呈现,尤其是可进行生产性保护的门类。人与物质之间的关系体现出人对自然的认识,遗产的物质性是载体,非物质性是本质。在现代社会的生活方式中,消费观念的转型升级让更多人不仅仅注重物品的交换价值和使用价值,还集中关注商品的符号价值,因而将体验、符号、文化等因素与生活嫁接,能够建构商品的差异性并制造广泛需求,以此生产出来的产品价值附着象征性或符号性,并通过与日常生活建立联系,让消费品与消费者在被使用的与使用基础上增加文化的认同感,同时提升产品的附加价值。非物质文化遗产的创意生产需依靠非物质性的价值内涵和精神根脉来塑造,让传统意义上的遗产实现向知识经济的转变,将源于生活的非物质文化遗产复归于当代日常生活,让文化遗产的精神内核在人类的生存与发展中延续。

3.非物质文化遗产生产性保护的创意要关注情感性

非物质文化遗产保护应成为全民自觉参与并具有认同感和责任感的事情,只有每一个个体都认识到保护的重要性,保护才有意义,因而唤醒非物质文化遗产本身蕴含的文化情感和激活人们内心的文化认同,是创意过程中不可忽视的一部分。非物质文化遗产保护的创意生产,一方面要让非物质文化遗产产品富有情感性,另一方面要打造可注入情感或引起情感行为的空间,使非物质文化遗产的活态传承立体、多元、有意味。

创意方向需指向创意目标,创意的效果要具有感染力,能够具有一定的传播力度和接受效果,更为精细化的创意是能够瞄准目标人群。保持非物质文化遗产中蕴含的情感对生产性保护具有催化作用,能够有效地避免形式的庸俗化和内容的千篇一律。非物质文化遗产的生产不仅仅是技艺借助于物质的生产,还是精神的生产和传承,更重要的是让优秀的文化遗产为人们的生活服务,主要是为精神生活服务,让人们在传统文化中享受到来自过去传统的抚慰和精神满足。

非物质文化遗产的创意生产要兼具理性诉求和情感诉求:理性诉求借助生产资料、市场规律等方面;情感诉求借助内容与形式作用于日常生活,以此唤起消费者的情感,调动他们对非物质文化遗产产品的认同。情和理的统一就是感染力与解构力并重,形于外而神于内,从而让受众"有感",让非物质文化遗产真正深入现代生活中,从而影响人们的文化生活。富有情感的创意能有助于消费文化建设,从而引导精神文明建设,生产方式决定消费方式,非物质文化遗产文化产品将成为人们情绪表达的方式之一,情感的融入会强化消费的仪式感,进而会影响消费礼仪。创意的情感化会减轻现实生活中物质对人的各种异化,尤其是感性异化,因而情感浸入非物质文化遗产创意中,能够让人追求情感的本真,真正用心发现非物质文化遗产内在的情感本质。①

---

① 楚国帅.非物质文化遗产生产性保护的创意维度思考[J].非物质文化遗产传承研究,2019(2):21-25.

第二节 抢救性保护

一、非物质文化遗产抢救性保护的含义

抢救性保护是中国非物质文化遗产保护的第二种重要方式。它指通过调查、采集、记录、数字多媒体技术、实物资料征集等手段,对濒危的非物质文化遗产项目和年老体弱的代表性传承人采取抢救性的保护措施。通过数字化信息采集记录,使濒危的项目和代表性传承人掌握的丰富知识和精湛技艺转化为有形的信息形式,为后人留下文化瑰宝。同时,政府等相关部门予以特别扶持,使处于濒危状态的非物质文化遗产项目以生产性保护等方式得以传承并发展,也是抢救性保护的方向之一。如2009年被联合国教科文组织公布为非物质文化遗产濒危项目的黎族传统纺染织绣技艺,通过生产性保护,已从根本上改变了原本的濒危状态。

二、非物质文化遗产抢救性保护的方法

(一)树立明确的非物质文化遗产抢救性保护的理念

在多种主客观因素的影响下,我国民众将民间艺术、传统技艺看作落后的产物,甚至排斥民间传统技艺,对我国非物质文化遗产造成了毁灭性的打击。

针对上述情况,文化馆工作人员应协同相关专业院校,以静态保护为指导,以非物质文化遗产代表性传承人为载体,开展非物质文化遗产集中记录、出版、保存、整理工作。同时以非物质文化遗产代表名录的方式进行完整保存。

基于非物质文化遗产综合性特征,在非物质文化遗产保护工作开展阶段,区域文化馆人员应建立"输血式"保护理念。即针对濒危非物质文化遗产,可以经济手段将其进行保护。而针对部分经济欠发达地区,可根据社会文化环境的变化,利用旅游开发、博物馆展示、手工艺生产销售等方法,提高区域非物质文化遗产知名度。

(二)设置非物质文化遗产抢救性保护与生态性保护联合的方案

首先,区域内文化馆可成立调查小组,对当地非物质文化遗产传承人员进

行走访,搜集资料。随后文化馆人员可根据调查资料,以调查报告的方式将调查内容进行公开展示、发表。同时申报非物质文化遗产传承人员名录,为名录上人员提供录影、录音或者传谱出版保护支持。通过记载非物质文化传承人创作过程、非物质文化原貌信息的记录传播,可为非物质文化传承人主体的抢救性维护提供支持。

其次,区域政府可与著名非物质文化传承人沟通,鼓励其与家乡互动。如以"常回家看看"为主题,鼓励非物质文化传承人培养年轻人才。以广西民歌传承为例,在广西壮族民歌传承发展过程中,广西壮族民歌传承者就积极培养同乡弟子,成为当地民歌传承的"顶梁柱"。

最后,针对音乐类非物质文化遗产,为保证其原生状态的良好传承,区域政府可加大非物质文化遗产申报力度。同时鼓励本地高等学院相关专业与民间非物质文化遗产传承者建立非物质文化交流平台,为非物质文化遗产抢救性保护工程的顺利实施提供充足驱动力。①

(三)重视非物质文化遗产抢救性保护的抢救性记录

1.非物质文化遗产抢救性记录的内涵及工作内容

非物质文化遗产是一种特色文化资源,不仅彰显着极高的历史与艺术价值,而且彰显着极高的文化价值。但是,随着社会的不断发展,人们对非物质文化遗产的认识逐渐偏离正确的轨道,这使其开始出现发展势头不好,甚至出现消亡的情况。因为,为了使这些非物质文化能够被传承下来,为更多的人所了解,必须对其进行必要的抢救性记录。

在某些非物质文化遗产面临失传的情况下,相关人员利用不同的方式对这些文化进行记录,这就是抢救性记录。这一记录工作包含的内容有很多,主要有抢救性调研、抢救性编纂等。与其他的工作内容相比,抢救性调研是抢救性工作中最为基础的工作,能为其他工作的开展打下坚实的基础。一般情况下,调研人员会直接到非物质文化遗产社区,并与传承人进行深入的交流,通过交流,他们就能了解非物质文化遗产发展的基本情况以及传承人的基本情况等。在调研结束之后,工作人员就能根据了解的信息进行记录与编纂工作,这主要

---

① 陆平章.抢救性保护非物质文化遗产的实践分析[J].文艺生活(中旬刊),2019(5):182-183.

包括非物质文化遗产技艺的制作步骤、传统仪式等。记录的形式多种多样,可以使用文字与图片的形式,也可以使用音频与视频的形式。多样的记录形式能满足不同人的了解需求,使其能从不同的角度真正了解非物质文化遗产。

2.非物质文化遗产抢救性记录的必要性

(1)抢救性记录是非物质文化遗产抢救性保护工作的现实需要

在非物质文化遗产时代,非物质文化遗产工作面临着前所未有的挑战。这主要表现为传承人数量逐渐减少,各种知识与技艺没有获得有效的传承,等等。在这样严峻的形势下,抢救性记录就能在其中发挥重要作用,它可以通过全面地收集、记录与非物质文化遗产的制作方法、材料等有关的信息,能保证即使没有传承人的情况下,后人也能根据这些记录去探索恢复这些非物质文化遗产。

利用抢救性记录的方式,能对各种非物质文化遗产技艺的信息与方法进行及时、系统的收集与记录。在这种情况下,即使没有了传承人,其他人也能利用抢救性的手段实现非物质文化遗产的保护与传承。这样的一种记录不仅能保证非物质文化遗产保护与传承工作的整体性,而且还能促进公众对非物质文化遗产的理解,使其能更加自觉地参与非遗保护与传承工作。

(2)抢救性记录是减少"人去艺绝"现象的良好途径

非物质文化遗产是没有实体的文化遗产,较难维护,因此有关部门需要花费大量的人力物力来对非物质文化遗产进行抢救性保护,使面临传承危机的非物质文化遗产能够得到有效保护,从而避免出现"人去艺绝"的现象。非物质文化遗产抢救性保护记录将非物质文化遗产进行系统的记录和整理,以保护和传承这些文化遗产。例如,非物质文化遗产抢救性保护记录可以用录像的形式将非物质文化遗产记录下来,使年轻人能够通过观看录像视频来了解非物质文化遗产;可以通过拍照的形式及时记录非物质文化遗产,将其发布到网上,使更多的人能够看到非物质文化遗产。非物质文化遗产的抢救性记录能够详细记录非物质文化遗产的方方面面,保证非遗传承的完整性。

3.非物质文化遗产抢救性保护记录实施的具体路径

(1)多方合力,建立稳定的非物质文化遗产抢救性保护专业人才队伍

建立一个稳定的非物质文化遗产抢救性保护专业人才队伍是抢救性记录的基础。这需要多方合力,包括政府、学界、社区和相关组织的共同努力。政府应加大对非物质文化遗产抢救性保护专业人才的培养和引进力度,建立相关的教育体系和培训机制。学界应加强相关专业的教育和研究,培养更多的专业人

才。例如,高校可以开设相应的非物质文化遗产抢救性保护课程,使更多的大学生了解相关知识,并产生实践想法,积极走进田野来抢救非物质文化遗产。社区和相关组织则可通过组织培训班、讲座和交流活动等方式,激发人们对非物质文化遗产抢救性保护的兴趣和参与度,从而建立起一个稳定的专业人才队伍。

建立稳定的非物质文化遗产抢救性保护专业人才队伍需要有源源不断的专业人才。因此,我国要完善相关人才培养体系。我国的剪纸技艺也属于非物质文化遗产,因此,笔者在此以剪纸技艺的非物质文化遗产抢救性保护专业人才培养为例,来讲述非遗抢救性保护人才培养体系的完善措施。我国可以开设关于剪纸的学院,使对剪纸技艺感兴趣的人能够在学院中接受专业的教育,从而更好地传承剪纸技艺。高校也可以开设剪纸技艺课程,使大学生接触到剪纸技艺,从而调动起大学生对学习剪纸技艺的兴趣,从而培养专业的传承剪纸技艺的人才。高校可以组织剪纸兴趣社团,使学生能够在良好的氛围中加深对剪纸艺术的理解,成为专业的剪纸技艺抢救性保护人才。高校还可以请民间剪纸技艺传承人来教授学生剪纸技艺,使学生能够掌握更多抢救性记录剪纸技艺的方法。

(2)加强非物质文化遗产技艺传承与创新的结合

加强非物质文化遗产技艺传承与创新的结合是抢救性记录的核心内容之一。传统非物质文化遗产的保护需要与时俱进,不能止步于传统的技艺传承,还需要进行创新和更新,使之适应现代社会的需求。在非物质文化遗产抢救性记录的过程中,负责保护非物质文化遗产的专业人士需要对传统技艺进行系统性的整理和总结,提炼出核心要素,并借助互联网进行创新和推广。负责保护非物质文化遗产的专业人士可以通过专门的研究机构和团队的合作,使用现代科技手段对传统技艺进行研究和记录,将其保存下来,并通过培训和推广的方式进行非物质文化遗产的传承和创新。在教导非物质文化遗产传承人时,负责保护非物质文化遗产的专业人士必须找到专业的教师,使传承人接受专业的教育,从而有效保护非物质文化遗产。负责保护非物质文化遗产的专业人士将非物质文化遗产进行创新能够赋予其新的生命力。

(3)提倡非物质文化遗产与多元文化进行交流

非物质文化遗产与多元文化进行交流是非物质文化遗产抢救性保护中的抢救性记录的重要环节。非物质文化遗产是各个地方和群体的独特文化表达形式,其保护和传承不能孤立地进行,需要与其他地域和文化进行交流和互动。非物质文化遗产通过与多元文化的交流,可以促进不同地方和群体之间的相互理解和认同,扩大非物质文化遗产的传播范围,增强非物质文化遗产的影响力。我国要高度重视非物质文化遗产与多元文化的交流,采取有效的举措来提升非物质文化遗产保护工作质量水平。非物质文化遗产抢救性保护单位可以通过开展非物质文化遗产展览,吸引对非物质文化遗产感兴趣的人,使人们能够在观看展览中更加了解非物质文化遗产的价值和重要性。非物质文化遗产抢救性保护单位也可以邀请研究其他文化的学者共同讨论非物质文化遗产抢救性保护策略,从而学习多元文化保护策略,将其应用在非物质文化遗产保护工作中。

（4）完善非物质文化遗产传承档案和数据库

完善非物质文化遗产传承档案和数据库是抢救性记录的重要手段。传承档案和数据库是非物质文化遗产抢救性保护的重要工具,可以对非物质文化遗产进行系统的记录和整理。这些档案和数据库应包括非物质文化遗产的历史、传承方式、技艺要点等信息,以及相关的照片、视频、音频等资料。通过建立完善的传承档案和数据库,可以方便后人对非物质文化遗产进行学习和研究,促进其传承和发展。

以刺绣为例,这项非物质文化遗产也能够借助数字化技术来建立一个专门的数据库,使年轻人能够在对刺绣提起兴趣的时候通过刺绣非物质文化遗产数据库来了解刺绣技艺。相比于传统的刺绣传承方法,这种数据库保存非物质文化遗产的方法更能够全方位地展示刺绣技艺。

同时,非物质文化遗产保护工作者可以利用数字化技术,将相关的图案、样品等进行数字化保存,方便在线展示和分享,让更多的人了解和学习刺绣非物质文化遗产技艺。[①]

（四）重视非物质文化遗产抢救性保护建档问题

非物质文化遗产抢救性保护工作者进行非物质文化遗产抢救性保护建档措施可以通过收集和整理非物质文化遗产的相关信息,为遗产提供全面和准确

---

① 万鹏远."非物质文化遗产后"时代抢救性记录的必要性及实施路径分析[J].天工,2023(24):57-59.

的记录。通过与社区和相关群体的密切合作,可以收集到不同层面和领域的非物质文化遗产,包括口述传统知识、技艺技能、表演艺术、习俗和传统节日等。非物质文化遗产抢救性保护工作者在收集的过程中需要深入了解和尊重文化背景、传统价值观和当地社区的需求和期望,同时,整理这些收集到的信息,将其分类、整合和归档,使其形成一个可被管理和查阅的档案库。

非物质文化遗产抢救性保护工作者可以通过数字化技术的应用,实现非物质文化遗产档案的保存和传播。数字化技术可以将抢救性保护建档过程中收集到的信息和资料转化为数字化数据,并通过互联网和其他科技手段进行存档和传播。这样一来,不仅可以避免传统文献的丢失和损坏,还可以更好地与现代社会联系起来,使更多的人能够了解和体验非物质文化遗产。此外,数字化还可以促进不同地区和民族之间的交流,增加文化多样性的认知和尊重。

非物质文化遗产抢救性保护工作者可以通过展示和传媒宣传非遗档案来提高非物质文化遗产的可见度和认同度。展示可以通过博物馆、艺术节、展览和演出等形式进行,向公众展示非物质文化遗产档案的独特性。同时,非物质文化遗产抢救性保护工作者可以利用传媒宣传手段,如电视节目、互联网平台和社交媒体,可以将非物质文化遗产档案的价值传递给更广大的受众,引起社会的关注和重视。

非物质文化遗产抢救性保护工作者需要与社区和相关群体进行参与和合作。保护非物质文化遗产是一项长期而复杂的任务,需要全社会的共同努力和支持。非物质文化遗产抢救性保护工作者只有通过建立与当地社区的紧密合作关系,才能更好地了解和尊重他们的意愿和需求。同时,非物质文化遗产抢救性保护工作者也需要通过教育和培训,提高自身对非物质文化遗产档案的认识和重视,从而积极参与非物质文化遗产抢救性保护工作。

第三节 整体性保护

一、整体性保护的内涵

（一）整体性保护的定义

整体性保护是中国非物质文化遗产保护的第三种重要方式。它指非物质文化遗产保护实践中既要保护非物质文化遗产包含的具体内容和表现形式，也要保护非物质文化遗产的承载者和赖以生存的文化空间，确保其完整性。这一保护方式是基于非物质文化遗产的创造、传承和发展离不开自然环境、社会环境，以及其实践者的生产生活方式、情感交流和精神追求等诸多因素和条件的基本规律。

（二）基于系统论视角下的整体性保护的内涵

系统论视角下的非物质文化遗产整体性保护工作具有过程性和动态性。非物质文化遗产不是静态存在的，它们随着时间的推移和社会的变迁而发展和演变。因此，非物质文化遗产整体性保护需要关注非物质文化遗产元素的变化和演化过程，及时调整保护策略和方法，从而确保非物质文化遗产的持续性和适应性。

从系统的角度看，非物质文化遗产保护是一项系统工程，其本身包含保护主体子系统、保护客体子系统、保护目标子系统、保护制度子系统及保护策略子系统。[1]

系统论视角下的非物质文化遗产整体性保护工作是多元的。非物质文化遗产包含着不同的文化表达形式和社会实践，它们相互关联，共同构成了一个复杂的文化系统。非物质文化遗产整体性保护需要整合各个方面的资源和力量，形成合力，以保护和传承非物质文化遗产的多元性和独特性。

---

[1] 仇兵奎.非物质文化遗产整体性保护效果评价体系[J].晋中学院学报,2018(4):29-32.

系统论视角下的非物质文化遗产整体性保护工作还具有参与性和共享性。非物质文化遗产是社区的共同财产，它的保护和传承需要广泛的参与和共享。在非物质文化遗产整体性保护的过程中，有关部门应该促进社区居民、相关机构和专家学者的合作，形成多方合力，共同参与保护和传承非物质文化遗产。

非物质文化遗产作为人类智慧和创造力的珍贵遗产，是文化多样性和人类共同发展的重要组成部分。然而，由于社会变迁、经济发展和文化冲突等多种因素的影响，非物质文化遗产面临着严重的威胁和损失。为了保护和传承非物质文化遗产，我们需要采取整体性保护措施，通过综合性的措施和方法，对非物质文化遗产进行全面、系统和持续性的保护。系统论视角下的整体性保护的核心理念是将非物质文化遗产视为一个系统，其中包含着多个元素之间相互关联和相互作用的复杂关系。非物质文化遗产整体性保护旨在保持非物质文化遗产元素之间的内在联系，确保它们的完整性和可持续性。

二、非物质文化遗产的整体性保护策略

（一）传承人的保护策略

人在非物质文化的传承过程中发挥着至关重要的作用，是非物质文化传承的重要载体。因此，对非物质文化的整体性保护应充分考虑人对非物质文化传承的作用，将对传承人的扶持看作非物质文化保护的一部分。许多非物质文化遗产的丢失都是因为失去了传承人，外行人只知道非物质文化遗产的名目和表现形式，却不了解其内容，只能眼看着非物质文化在岁月中逐渐被遗忘。因此，从某种角度来说，传承人就是非物质文化遗产的一部分，保护住传承人、帮助其更好地传承非物质文化遗产，就是保护住了非物质文化遗产本身。

（二）内容与形式的保护策略

对非物质文化遗产的整体性保护应做到保证其内容和形式的完整性。非物质文化的内容和形式是相互依存的，如果将其分离开进行单独保护，只会让非物质文化遗产的精髓随时间流逝，最终消失。保护其内容的完整性就是要完整地传承非物质文化遗产，包括非物质文化遗产的本身内容和其在历史发展中的演变和扩充，以此避免后人断章取义，或以某个时间点的非物质文化遗产形式对其进行定义。

（三）产生背景与发展环境的保护策略

非物质文化遗产带有强烈的民族特色和风俗特点,与其产生背景与发展环境有重要联系,如果抛开这些背景环境,后人无法真正体会非物质文化的历史价值和文化内涵。例如,景德镇的陶瓷制作工艺,之所以能久负盛名,与当地的高岭土资源有密切联系,如果失去了环境资源的支持,它也难以绽放出如此耀眼的光彩。因此,在对非物质文化遗产的保护过程中,要连同其文化背景和生存环境一同保护,这是整体性保护原则的重要体现。

（四）传承与发展的和谐统一策略

许多非物质文化遗产不仅具有历史价值,也具有经济效益,对其传承不能过分注重经济效益而忽略非物质文化遗产传承的本身,应将各类效益协调统一,促进非物质文化遗产的健康传承。同时,非物质文化遗产不是一成不变的,在传承的过程中,要处理好传承与发展的关系,不断为非物质文化遗产注入新鲜活力,只有这样才能使非物质文化遗产长久保持传承的价值和意义。

非物质文化遗产是我国传统文化的重要组成部分,由于其存在形式的特殊性,必须采取整体性保护原则,应对非物质文化遗产的传承人、形式、内容、产生背景与发展环境进行全方位保护。同时要处理好传承与发展的关系,促使我国非物质文化遗产保护的长久发展。

三、区域性整体性保护主要方式——设立文化生态保护区

（一）文化生态保护区建设背景

我国的保护区建设又有自身特定要求与建设背景,主要归于以下几点。

第一,保护区建设是国际社会基于文化多样性要求下,我国非遗保护工作的时代要求。保护区是针对不同民族、地域,不同类型和表现形式的地域文化环境,受到全球化和趋同化冲击,顺应时代发展要求而形成的保护模式。"和而不同"不仅是国际交往层面的定位,也因为我国不同区域、民族文化的多样化而"美美与共"。所以说,文化生态保护区的"空间"表现出高度的凝聚力和认同属性。

第二,保护区设立的核心是非物质文化遗产保护。这也是非物质文化遗产

保护的有效手段。在现代社会中,人们被大量新颖的信息吸引,难以注意到正在消失的非物质文化遗产,因此需要设立文化生态保护区,用以整体性保护非物质文化遗产。人们虽然有丰富的物质生活条件,但是仍旧渴望获得更多的精神财富。人们希望找到自己的精神家园,这属于精神寄托。这种精神寄托很大程度上不单纯取决于某种类型的文化表现形式,而是需要与之相关的整体性的环境氛围,以及由此形成的文化生态。基于此,我国的保护区建设关注人与环境的关系,加强文化生态的保护与修复。

第三,保护区建设是基于我国不同民族、地域环境中存续的非遗项目及其保护方式的拓展和创新。抢救性保护是以濒危项目保护为主的方式;生产性保护是对非遗项目具备成果转换条件而采取的保护方式。整体性更加关注了非遗资源丰富区域全面性、整体性、系统化保护,是一种全方位的"打包型"保护方式。这一保护方式不仅仅关注项目本身,对于非遗项目传承、存续所依附的环境也进行了保护。这也是激发项目传承存续原动力的重要措施。

第四,保护区建设是对区域文化、民族文化的保护、传承与弘扬。从整体来看,非物质文化遗产不仅是历史上人民群众创造的结果,还是与时俱进、不断传承发展的产物。[①] 有的非物质文化遗产无人传承,因此从人们的视野中消失了。而大部分非物质文化遗产能够根据社会背景不断演变,展现出新的活力。在文化生态保护区中,非物质文化遗产可以得到更有效的保护。保护区建设既加强了对历史依存环境的保护,同时也已经成为中国特色社会主义文化建设特别强调社会主义核心价值体系建设中文化建设工作的重要抓手,旨在坚定文化自信,把握先进文化前进方向,激发不同民族、不同地域民众的文化活力,继而成为彰显中国文化价值、文化力量的重要举措。

(二)文化生态保护区的理论依据

建设国家级文化生态保护区,是有其理论依据的,笔者认为主要包括文化生态理论和文化空间理论。

1.文化生态理论

文化生态是指由构成文化系统的内、外在要素及其相互作用所形成的生态

[①] 张志颖.非物质文化遗产整体性保护的中国实践——国家级文化生态保护区建设成效与问题探究[J].青海民族大学学报(社会科学版),2021(3):124-131.

关系。① 文化与生态环境是密不可分的,它们相互作用、相互依存。文化是人类社会的精神产物,包括价值观念、行为规范和技术方法等。生态环境是人类生存的物质基础,包括自然环境和社会环境。文化与生态环境之间的相互作用塑造了人类社会的发展和演变。文化适应生态是文化生态理论的观点之一,它指的是文化对生态环境的适应和调整。文化的适应是文化在与生态环境相互作用中不断变化和发展的过程,它使人类能够适应生态环境的变化和需求。文化能够塑造生态环境,这是指文化通过技术和行为的创新,改变和塑造了生态环境。文化塑造生态环境是文化生态系统的一个重要特征,它反映了文化对生态环境的积极作用和促进作用。

生态对文化也有影响。生态条件对文化的发展和演变产生着重要影响。生态的变化和压力会促使文化的适应和创新,形成新的文化形态。生态对文化的影响主要表现为资源的丰富和稀缺,以及环境压力的影响。资源的丰富和稀缺对文化的发展和演变产生了重要影响,它影响了人类的生活方式和行为习惯。环境压力对文化的发展和演变产生了重要影响,它促使人类的文化适应和创新,形成新的文化形态和文化变异。生态对文化的影响不仅在于文化与生态的关系,也在于文化与文化之间的关系。

2.文化空间理论

"文化空间"作为一个意涵特别丰富的概念,学界对它有多种定义。

作为人类学概念,"文化空间"最早被称为"文化场所",后来特指"非遗"的一种基本类型,表述为"文化空间"。

文化地理学视角下的"文化空间",关注文化的空间地域性,从"文化区"角度了解文化的空间分布及其演化、地域社会群体间的关系及影响因素。

社会学视角下的"文化空间",指一种物质空间或社会空间,由占据该空间群体的特定行为和生活模式来规约。

多维学科视角对"文化空间"概念的界定和表述有诸多的不同,学者关于"文化空间"的概念和内涵并没有形成十分明确、统一的认识。但可以肯定的是,文化空间是人及其文化赖以生存和发展的场所,是文化的空间性和空间的文化性的统一。文化空间是人化自然的结果,强调人、文化和环境的关系,反映

---

① 汤书昆,郑久良.徽州文化生态保护实验区"非遗"活态保护现状研究[M].合肥:中国科学技术大学出版社,2020:6.

"非遗"传统文化赖以生存的活动场所和环境氛围,是物质环境、人文环境与社会环境的有机统一。非物质文化遗产的"文化空间"强调物质环境与人文环境的有机统一,重心在于"非遗"的活态传承、优秀文化的历史积淀、生活形态的延续和"非遗"生产实践的传承,在空间形态上至少包括物质空间、经济空间、人文空间和社会空间。

文化生态保护区以非物质文化遗产保护为核心,对孕育发展"非遗"的自然环境和人文环境进行整体保护,对"非遗"赖以生存和发展的社会空间进行整体保护,保持原有的生活方式和生产秩序,要求"见人见物见生活",这正是文化空间理论应用的鲜活体现。

(三)文化生态保护区的特点

1.区域性和层次性

与自然保护区一样,文化生态保护区首先是根据非物质文化遗产原生空间的分布特征划定的一个相对完整的地理区域,是非物质文化遗产本体与其生态环境一起呈现的整体空间。因此,区域整体性是建设文化生态保护区时必须考虑的空间特征,也是从整体上培育文化氛围的空间要求。不过在具体的实践中,这一区域往往与行政区划的空间范围并不重合,有时需要突破"政治惯性思维"关于行政区域的划定,目前,很多国家级文化生态保护实验区就是如此。例如:徽州文化生态保护实验区地跨安徽和江西两省,包括安徽省黄山市现属的三区四县、宣城市的绩溪县,以及江西省上饶市的婺源县。

同时,文化生态保护区是一个具有层次性的空间。一方面,根据文化积淀的疏密和分布特征,文化生态保护区有着自己的核心区和外围区,核心区就是非物质文化遗产分布相对集中的地方,外围区则相对稀疏。就像自然保护区可以分为核心区、缓冲区和实验区三个区域一样,在建设文化生态保护区的过程中应考虑功能分区,采取分层次的建设模式,将其划分为核心保护区、生活区和表演区等不同区域,形成一种主次配列的保护区布局。另一方面,根据区域内不同类型文化的分布特征,可以将某一类文化相对集中的地方分成一个子区域。

总之,在文化生态保护区的具体建设过程中,必须充分考虑其层次性特征,这样才能契合文化整体性保护和多样性传承的双重诉求。

2.系统性和动态性

基于文化生态理论提供的系统性和动态性视野,文化生态保护区是一个复杂的动态系统。

首先，建设文化生态保护区虽然是以非物质文化遗产为核心，但面对的是整个文化遗产和文化传统，其目标是建设一个有利于文化保存和发展的生态环境，因而是一项长期的、系统的实践工程，涉及多方面利益的协调，在建设的时候必须注入系统思维，注重传承、保护、发展和利用之间的联系和关联，促使文化单体项目和整个区域文化的协调与可持续发展，并使文化遗产和文化传统活态地传承下去。同时，文化生态保护区赖以生存的文化生态是一个相对完整的生态系统，形态多样，有物质的和非物质的，有自然的和人文的，还有静态的和动态的，等等。文化生态作为一个充满生机与活力的文化人类学的延伸，对区域内文化的传承和发展有着不同的影响。在建设文化生态保护区的过程中，既要做到区别对待，又要做到协调融合，共同构建一个有利于非物质文化延续和传承的生态系统，保持生命力和感染力。

其次，文化生态保护区是一个不断发展变化的动态空间。文化生态保护区是以保护非物质文化遗产为核心的特定区域，而非物质文化遗产主要是指民间流布传承的文化，它们是过往生活的凭证。文化生态保护区作为承载非物质文化遗产的文化空间，不是静态的地点，也不是遗址、遗迹这样的地点，而是伴随着非物质文化遗产本体的变迁而呈现动态变化的空间。另外，承载非物质文化遗产的文化生态环境也在不断地发展变化，文化生态保护区表现为非物质文化遗产本体与文化生态环境之间不断调适的历时性呈现。

3.传承性和开放性

非物质文化遗产传承是指对非物质文化遗产历时性、跨域性的传播与承续的实践，传承性是非物质文化遗产的本质特征，也是实现其可持续发展的根本诉求，但非物质文化遗产的生活性决定了它的传承必须将其置于其赖以生存的生产生活环境中进行。而建设文化生态保护区，就是要对非物质文化遗产的自然和文化生态给予高度的关注和细心的呵护，保护和培育其传承的土壤，让文化真正回到民众生活中，与传统、民俗相生相随，成为人们共同享用的精神财富。文化生态保护区所表现出的传承性，不同于瓷器文物的继承和保存，而是一种融入现代生活的创新式传承，在留住非物质文化遗产的根的同时，要使其不断发新芽、抽新枝、开新花，实现更大范围的传承。从这种意义上来说，引导非物质文化遗产合理、有序、可持续地在整体生存境域内传承和发展，是建设文化生态保护区的终极目标。

文化生态保护区并不是一个封闭、隔离的禁锢本地域文化与异域文化交流的空间,而是一个开放性空间,这种开放性不仅体现为前文所陈述的生态系统的开放性,而且体现为不断有异域文化纷至沓来的开放性。因此,在建设文化生态保护区的过程中,一方面需要保持自己的民族特色,形成"文化自觉";另一方面,必须以开放、包容、理性、温和的态度使主体性文化与其他文化互动和交融。

总之,无论是在纵向的历时性上,还是在横向的共时性上,文化生态保护区都会是一个永葆区域文化的独特魅力,又和多元文化和谐共存的文化聚集区。

(四)文化生态保护区建设策略

(1)我国要先制定非物质文化遗产保护规划,使文化生态保护区的工作有整体规划。工作人员在建立文化生态保护区前需要制定保护规划,包括明确保护目标、规划布局和保护措施等。规划应综合考虑非物质文化遗产的特点和保护需求,合理划定保护区域范围和保护措施。

(2)保护区域划定。根据非物质文化遗产的种类和地理特点,非物质文化遗产保护工作者要将文化生态保护区划分为不同的区域,以便有针对性地进行保护工作。例如,非物质文化遗产保护工作者要对属于自然景观或生态环境要求较高的非物质文化遗产,可以划定为核心保护区,对于与非物质文化遗产有关的自然和人文环境,可以划定为缓冲区。

(3)整治文化生态保护区的环境。在文化生态保护区建设过程中,非物质文化遗产保护工作者要加强对保护区域的环境整治。这包括对自然环境的保护和恢复,例如水源保护、土壤保护和植被恢复等;对人文环境的保护和改善,例如保护传统村落的风貌、改善交通条件和基础设施建设等。

(4)非物质文化遗产保护工作者保护意识的培养。文化生态保护区建设需要广泛动员和培养社会公众的保护意识。非物质文化遗产保护工作者可以通过开展宣传教育活动、组织保护区参观和体验活动,增强公众对非物质文化遗产保护的认同感和参与度。

(5)保护管理机制建立。建立健全的文化生态保护区管理机制对非物质文化遗产保护工作的实施至关重要。非物质文化遗产保护单位可以成立专门的管理机构,明确管理职责和权力,加强保护区的日常管理和监督。同时,非物质文化遗产保护工作者也需要加强与相关部门的合作,形成多部门联动的管理机制,实现保护工作的协同推进。

(6)各个地区的非物质文化遗产保护单位要建立统一的文化生态保护区的考核标准,使整体的非物质文化遗产保护工作能够按照标准执行。在文化生态保护区中,不同的非物质文化遗产有不同的存在形式和特点,这就需要非物质文化遗产保护工作者设置不同的考核标准。例如,非物质文化遗产保护工作者要重点考核民间技艺传承的全面性而不是其经济性。总之,文化生态保护区的保护模式和考核模式应该具有特殊性,规范条例中既要涉及统一的标准,又要关注各自的特点。①

(7)文化景观保护区建设。一些具有特殊的自然和人文环境的地区,可以被划定为文化景观保护区,通过保护景观特色和非物质文化遗产的有机结合,实现文化景观的可持续发展。例如,我国的世界文化遗产黄山就设立了特定的保护区,通过保护山水、修缮古建筑和开展文化活动等措施,保护了黄山的非物质文化遗产和自然景观。

第四节 群体性保护

一、群体性保护的定义

群体性保护是中国非物质文化遗产保护的第四种重要方式。它指对由群体所创造和拥有、通过群体传承的方式世代相传的项目的保护方式。这种方式主要针对舞蹈和民俗类。这些项目反映了群体的共同文化心理和信仰,需要社会成员的共同参与,需要在老百姓的日常生活中传承。

二、非遗传承中"群体性缺失"问题探讨

(一)非遗传承人具有的"群体性"特征及内涵理解

非物质文化遗产的创新与传承多依赖于人的实践活动。非遗传承群体作

---

① 蔡丰明.非物质文化遗产保护与文化生态保护区建设[J].上海视觉,2022(1):91-96.

为非遗传承链上重要的一环,其延续存在受诸多因素的影响。究其传承过程,非遗"群体性传承"的特征体现在三个方面。

1.非遗传承群体成员之间具有一定相关性与独立性

非遗传承群体成员所掌握的非遗文化和技艺不同,因此他们保护和传承的非遗项目也不同。这就使他们之间具有相对独立性。由于非遗传承群体成员保护的都是非物质文化遗产,非遗传承群体成员之间也有一定的相关性。

2.非遗传承群体的传承行为具有一定的社会性和活态性

非物质文化遗产是人类社会生产进程中重要的文化结晶,是民间民俗文化的重要组成。非遗传承群体则是时代推进过程中文化的重要载体,其传承行为具有明显的社会性和活态性。非遗传承在我国文化发展中一直占据重要地位,是我国一直大力推崇的文化项目。非遗传承群体的语言和行为、精神和情感等都对非遗有重要影响,影响着非遗的文化意识形态的建立。另外,非遗传承群体会受到周围生活环境的影响,他们不可能脱离社会生活环境而存在,因此他们的传承性行为始终都带有社会性。在非遗群体传承的传承链上,其分化或者整合都是活态的,所以非遗传承群体的传承行为都具有一定的活态性。

3.非遗传承群体的传承活动具有一定的群体性和规范性

在非遗的传承活动中,传承群体中的成员会不断进行沟通,在心理与行为的相互渗透下,他们会形成以群体意识为主体的意识形态,会在不自觉中遵守相应的群体规范,因此他们的传承活动带有一定的群体性。另外,群体活动必然需要一定的标准行为规范,若没有相应的标准,成员们可能会陷入无序的环境中,无法完成相应的传承活动,因此非遗传承群体的传承活动还具有一定的规范性。

(二)非遗传承中"群体性缺失"问题的解决

1.政策引导

非遗的传承与保护需要强有力的政策引导,唯有权威性的政策才能建立有序的传承市场,才能实现传承活动的有序管理。政府应该建立非遗群体传承的政策体系,不断引导相应群体遵循相关规则。首先,政府应该建立非遗传承人身份认定的政策体系,要不断根据不同非遗项目的特性,非遗项目与传承人之间的对应特征等建立相应的规范,启动多类型的非遗专项重点调查工程与保护工程,展开非遗传承人的多层次身份申报认定工作等。其次,政府还可以设立非遗传承群体培育的专项基金,不断完善非遗群体传承的奖励制度。政府需要给予非遗传承群体更多经济支持,不断降低产业发展门槛,实现非遗项目的持续发展等。

2.产业培育

非遗传承群体应该意识到非遗传承的重要性,应该充分利用现代化的科学技术创新非遗传承形式,不断以更多、更新的手段进行非遗项目的开发与建设,增强市场竞争力等。首先,在数字化时代下,非遗传承群体应该积极探索互联网+非遗的产业发展模式,不断将更多小众的非遗项目推向互联网,通过电商平台实现产业化发展。其次,结合非遗项目所在地域,建立非遗产业发展基地。非遗传承群体应该借助国家级或者省级非遗项目的发展需求,选择一些文化底蕴深厚、营销环境以及产业发展基础良好的地区作为产业发展基地,不断基于产业基地开展多样的文化项目,科学制定非遗产业化发展规划,形成以非遗产业发展为主体的特色小镇等,实现非遗产业的聚集化发展。例如,浙江省就基于部分地域的黄酒文化与木雕文化等建立了相应的黄酒小镇和木雕小镇等。

3.行业组织保障

行业组织是行业中所建立的较权威性的组织机构,主要起到服务、监督、协调等作用。在非遗的行业组织机构设立之后,行业协会可以不断搜寻新的非遗项目,并根据相应的文化开创不同的文化活动,组织专家学者等进行项目的讨论,研究出新的保护策略,制定相应的行业规范等。行业组织可以建立相应的行业规范,不断约束非遗传承群体的行为;组织各种地区民俗文化活动,举办各类非遗展览、论坛、讲座等,不断宣传非遗保护工作;还可以充当政府与非遗传承人的中间人,妥善协调处理政府与非遗传承群体之间的关系等。行业组织是非遗项目发展的重要保障,可以及时解决非遗传承过程中出现的问题等。

4.社会认同

非遗项目大多是发源于民间的传统项目,具备一定的民族性与地域性,因此提升其社会认同度是当下非遗项目发展的重点。比如,可以开展"非遗进校园"的文化宣传活动,将更多非遗项目引进校园,引起年轻人的关注,科普更多文化知识,开阔青年学生的文化视野等,也可以将非遗宣传活动与新农村建设和文化礼堂的建设等相结合,通过多样的宣传活动,让更多民众了解到非遗保护的重要性,增强群众对非遗传承的亲切感与认同感。

三、农村群体性非遗项目的传承与保护策略

1.制定合理的保护传承人机制

不同项目拥有不同的非遗传承人,不同的非遗传承人对文化的宣传与保护具有不同的作用,因此国家应该重视非遗项目传承人的保护,不断完善相应的传承机制。我国存在着许多群体性非遗项目,这些非遗项目中每个角色都具有重要作用,离开任何一个角色,项目都是不成立的。因此,制定合理的保护传承人机制才能让非遗项目实现良性发展,才能构建项目多样化发展的和谐环境。

2.加大宣传力度,扩大非遗项目影响范围

在非遗项目的宣传活动中,政府应该积极创造各种便利条件,要为这些项目找到更多展示的舞台,促进这些群体性非遗项目进乡村、进社区,不断加大项目宣传力度。一些非遗项目存在无徒可授的情形,在这种情况下,政府应该重视这些非遗项目,招收更多对项目感兴趣的民众,开办线下培训班,并依托抖音等新媒体进行线上网络传承,解决这一项目的生存困境等。

3.保护项目特有的文化空间

文化空间作为非物质文化遗产传承的特殊概念,它泛指非物质文化产生、发展的具体的自然环境、人文环境。① 这些文化空间是非遗项目传承与发展的重要环境,政府应该重视这些文化空间的保护。比如,政府可以固定非遗项目的展演时间与场所,举办相应的民俗活动,为这些非遗项目创造更加适宜的文化空间等。

4.依托传承人,拓宽非遗项目传承空间

当今时代的人员流动性比较大,地域性的非遗项目传承出现了困难。鉴于此,政府可以给予传承人更多经济支持,为传承人开班收徒,不断拓展非遗项目的传承空间;也可以借助更多现代化工具,如抖音等,开展网络教学,不断宣传相应的非遗项目,让群体性非遗项目焕发新生。

---

① 杨智宏.城市化进程高歌猛进下的农村群体性非遗项目将何去何从?[J].中国民族博览,2023(5):88-90.

第四章 非物质文化遗产保护的多元主体研究

非物质文化遗产是传统文化中的重要组成部分，是我国社会主义精神文明建设的重要基础，对我国文化自信的发展具有重要作用。非物质文化遗产保护的主体是保护活动开展的核心，因此应该明确非遗保护的多元主体。本章主要进行非物质文化遗产保护的多元主体研究。

第一节 非物质文化遗产保护的政府保护

一、非物质文化遗产保护中政府的职能

（一）委托有限管理职能

在非遗保护过程中，政府具有委托有限管理职能，主要表现为以下两方面。

第一，我国是一个农耕文明大国，所有的传统文化都是基于农耕文明而发展的，劳动民众是我国非遗项目的主要传承人，因此他们理应受到人民政府的保护。

第二，我国非遗保护过程中，部分政府过度强调自身的统一调控权力，导致出现了一定的"缺位""越位"问题。首先，政府应该清楚自己身上担负的责任，要制定合理、有效的保护措施，对非物质文化遗产实施积极保护。其次，中央政府与地方政府应该划分清楚自己的保护范围，尽量在自己保护范围内实施相应的政策和措施，不应越界，认真履行好自身的委托有限管理职能。

（二）市场化监管职能

非物质文化遗产的保护需要符合当下社会的发展要求，需要遵循市场的发

展规律等。事实证明,市场对非遗保护具有重要作用,因此我国应该努力规划文化产业化发展道路,不断开拓非遗产业市场,实现非遗项目的产业化发展。当然,产业化发展也逃不过市场经济的通病,可能会过于注重经济利益而忽略了精神内涵的建设,让非遗项目逐渐走向过度商业化的发展道路。然而,没有了文化内涵的非遗项目并不是我们所推崇的非遗项目,这与我国保护非遗的初衷相悖,因此我国非遗保护需要加强市场的监管,要不断引导产业化发展步入正轨。

(三)社会参与协调职能

非物质文化遗产还具有活态流变的特点,因此非遗保护工作还需要注重保护非遗项目的完整性、整体性。在非遗保护工作中,政府应该发挥自己的主导作用,开展多样化的保护活动,但也应该注重运用不同民众的力量,引导多方力量共同参与保护工作,实现全面化的保护,弥补政府单方面保护的不足等。

非物质文化遗产的保护还需要保存文化的"原汁原味"。因此,政府需要意识到非遗项目保护过程中应该采取多样化的措施,应该争取更多主体的参与,应该整合更多力量。政府可以组织不同主体共同参与非遗保护项目,并发挥自己的社会参与协调职能,对保护过程进行监督、协调,构建更加和谐的保护环境,颁布更加科学、合理的激励机制等,实现社会多个主体共同参与非遗保护项目,保证非遗保护的完整性等。

二、政府履行保护非物质文化遗产职能的方法

(一)建立健全保护工作的领导机制

国家政府的职能主要包括行政决策、规划统筹、指挥领导、组织协调、行政管理、监督控制等。政府汇集国家行政资源并对其有效分配,借助法律、行政、财政、技术等手段,开展非物质文化遗产的保护和推广工作。非物质文化遗产保护工作属于文化行政主管范畴,由国家文化行政主管部门和各级政府相关机构对口管理。

政府应当承担起非物质文化遗产相关工作中引领带动的职责,做好顶层设计,充分发挥其在保护、开发工作中的领导效能。中华人民共和国文化和旅游部(下称"文旅部")牵头构建了中国非物质文化遗产保护工作部际联席会议制

度,对非物质文化遗产的保护开展统筹部署与领导,其他各级政府及文化职能部门应在统一调度下发挥自身能动性,协同开展保护工作。此外,政府还应当借助社会力量,如高校、相关科研单位、社团组织、企业等,利用其各自的专业优势和运营侧重,汇聚到非物质文化遗产保护工作中。

文旅部作为非物质文化遗产保护工程的组建者,与其他相关政府部门需要进行沟通与协调,在立足我国实际发展需要和现实情况的基础上,从整体上设计中国非物质文化遗产保护工作的方向、战略、目标、规划等;同时,配合中国非物质文化遗产保护的基本法《非物质文化遗产法》制定政策、规章等文件,完善保护工作的法律依托;指导、监督、协调有关部委和部门在国家一级有效实施保护非物质文化遗产的指导方针、原则和战略,以实现保护的总体目标;组织和协调重大项目的实施;参与国家一级非物质文化遗产项目的介绍和评价;组织先进民族文化的传播和传承;各地区政府应当在党中央集中统一领导下,针对非物质文化遗产的保护工作进行细化,根据本地非物质文化遗产的现实保护情况协调和规划有关的重要问题;完善省、市、县三级保障机制,各级应协调运行、分级负责、落实到位。

(二)非遗经费投入与合理利用

各级财政应按照公共文化领域的改革方案,落实经费支出责任,保障本行政区域非物质文化遗产保护与传承经费足额到位。[①] 财政资源的调度与分配应当遵循"统筹安排、突出重点、中央补助、分级负责、加强监督、注重绩效"的基本要求。

第一,非物质文化遗产的保护专项经费应当由政府分层逐级分配调用并承担相应责任。非物质文化遗产需要分层保护,相应的财政专项支持也需要被列入省、市、县三级的财政预算中,用来支持不同区域范围和层次的非物质文化资源的普查、收集、汇总、信息处理与加工、综合评估与入档等,技艺及相关资料的征集、开发、失传风险评定与抢救等,并着力完善保护、开发、传承等所需的公共基础设施。

第二,政府宏观布局并科学利用非遗专项资金,对文化和旅游局、自然资源

[①] 黄忠,郭红霞.黄冈非物质文化遗产保护与开发利用研究[J].黄冈职业技术学院学报,2023(5):110-113.

和规划局、民族宗教事务局等各部门的非遗类专项资金进行统一调度,增强非遗专项资金的使用效果,避免财政资源的浪费。非物质文化遗产可以对地方旅游经济和文化教育等事业起到推动作用,政府应当引导旅游企业和文化企业对非物质文化遗产的保护、开发形成积极的反作用力。

(三)建立非物质文化遗产保护决策机构

政府在我国非物质文化遗产保护工作中处于主导地位和管理地位,关乎我国非物质文化遗产相关战略的方向确立、制定与实施。工作能够顺利开展并得到预期效果,离不开政策的科学性。因而,政策制定机构应当组织结构科学,权责分配清晰,协调程序合理,决策机制公正、客观、透明。国家对非物质文化遗产的保护,应当建立由相关行政机关及专业人士共同构成的非物质文化遗产研究与策划组织。为确保非物质文化遗产保护项目决策过程科学、专业、合理、公正,各国应制定有效的决策程序,明确决策方式,既要注重公民参与,又要充分考虑专家、学者的意见,接受社会和公众的严格监督。

(四)增强非物质文化遗产的人才力量

非物质文化遗产保护工作的开展要想科学、合理、顺利,就必须重视专业人才队伍的组建,人才是开展各项工作的基础性资源。

第一,非物质文化遗产保护组织与专业人才的配置应当科学合理。上层及本地区政府应当基于本区域内非物质文化遗产的生存现状、保护和传承状况以及地方特色等成立相应的机构,并根据机构的保护手段与侧重配置专门性的人才。

第二,完善非物质文化遗产的传承人机制。政府及相关社会组织必须重视对传承人的选拔、物质支持及宣传等工作,为传承人及其记忆建立专门的档案库,定期对传承人进行考察。

第三,建立非物质文化体验与培训基地。非物质文化体验与培训基地能够在扩大非物质文化宣传的同时,培养更多具有非物质文化遗产传承能力的人,提高传承技艺的能力,促使传承和保护工作更加科学、规范。

(五)发挥政府的统筹领导与管理职能

从中央到地方,政府在非物质文化遗产保护工作中应当充分发挥其统筹领导、管理协调的职能,具体内容如下。

第一,联系各方,统筹全国性的非物质文化遗产普查工作,并根据所整合的信息对非物质文化遗产的申报进行评估认定、审批记录、建立档案和数据库等工作。

第二,通过制定评审标准,组织推荐、评审及科学认定国家级代表性项目,建立非物质文化遗产名录体系;组织制定保护规划,对国家级非物质文化遗产代表性项目予以保护。

第三,组织评审、认定国家级代表性传承人,建立传承机制。对已认定的代表性传承人,国务院文化行政部门要提供传承场所、经费资助,支持其开展授徒、传艺、交流、传播等活动。

第四,对非物质文化遗产的流传及社会生态保持较为完整的地区,可以以地区为单位组建非物质文化遗产保护与开发实验区,实施活态整体性保护。

(六)推进非物质文化遗产的多维度传播

政府及相关社会组织应当推进非物质文化遗产的多维度传播,使其为广大人民群众所了解,提升人民的文化自豪感和民族凝聚力,自觉加入文化传承的队伍之中。

第一,线下传播维度,通过节庆、民俗等活动推广非物质文化遗产。各级政府可以利用本地的传统节日、民俗庆典等,引入非物质文化遗产的表演和宣传,吸引游客及专业人士前来游览和交流。

第二,线上传播维度,充分发挥移动互联网、新媒体、虚拟现实等前沿科技的传播优势。如今,短视频、直播、微博等新媒体借助互联网风行全球,这无疑为非物质文化遗产提供了展示窗口。相关单位及传承人可以利用这些前沿技术,制作高质量的视频,科学直播,并开发互动小程序,将非物质文化遗产推向全国乃至世界。

第三,教育传播维度,开展非物质文化遗产进校园活动。政府可以鼓励各层次的学校引进非物质文化遗产相关的教材,建立学生活动社团,积极开展以非物质文化遗产传承为主题的第二课堂,为非物质文化遗产储备人才。

第二节 非物质文化遗产社会化保护

一、非物质文化遗产保护中社会力量的标准

（一）能在非物质文化遗产保护中发挥积极作用

非物质文化遗产保护相对其他文化工作而言，还是一个相对新颖的工作，相关的保护实践和理论研究还存在诸多问题。这也导致我们很难在现实中界定哪些力量应该参与到非物质文化遗产保护工作中来，参与到什么程度，与政府保护力量之间的关系等，这是需要靠长期的保护实践来解决的问题。虽然在声势浩大的非物质文化遗产保护工作中参与的力量较多，但是我们必须明确一点，只有切实在保护工作中发挥积极且不可替代作用的力量组成，才是我们要纳入研究的社会力量范畴，这也是研究非物质文化遗产保护中社会力量的基点所在。

（二）能遵守相关法律制度，并获得政府认可

法律是一个国家正常运转的规则秩序，任何行动都必须符合法律的要求，非物质文化遗产保护工作也不例外。任何试图参与我国非物质文化遗产保护工作的力量，必须首先遵守我国的相关法律制度，在法律许可的范围内参与保护工作。在保护实践中，我们完全可以把我国政府的认可视为其他力量参与非物质文化遗产保护工作的行政许可，这既是基于政府保证国家各个组成部分有效运转的需要，更是促进不同力量保护效能优化的现实手段。

（三）保护所带来的正面效益要远大于其负面影响

各种保护力量在非物质文化遗产保护中都能发挥一定的作用，这是不容置疑的。但是，我们必须要知晓各种保护力量在发挥作用的同时，其实是其作用的两个层面同时在实现，一种是积极有效的正面保护，一种则是消极损伤的负面影响，这是不可避免的。我们要杜绝"非此即彼"的思维怪圈，而应该用"亦此亦彼"的眼光来分析这个问题，全部发挥正面保护作用的力量是不存在，如同全

部发挥负面损伤作用的力量不存在一样,关键在于究竟是正面保护的作用大,还是负面损伤的影响大。只要在保护实践中发挥的正面作用大于负面作用的保护力量,就是我们所要鼓励和支持的,也是应纳入我们研究范围的。

上述三方面的标准是需要同时具备的,换句话说,只满足其中一到两项标准不应当视为属于社会力量的范畴。总的来说,在广泛的非政府力量中,凡可以对非物质文化遗产保护提供帮助与支持的,并切实在实践中作出了相应贡献,获得政府的认同,并且其积极效益远超其所造成或可能造成的消极影响,就能够认为其为社会力量。

二、非物质文化遗产保护中不同社会力量的作用分析

(一)学术界的作用

学术界具有其他社会领域所难以具备的专业性的理论研究资源和前沿学术成果,这无疑能够为非物质文化遗产的保护、传承乃至科学开发提供智力支持。正是因为学术界的专家通过其客观的立场、深厚的学识、专业的眼光与刻苦的钻研精神,才使非物质文化遗产的保护更具前瞻性与科学性。这也要求政府应当充分重视专家学者们提出的专业意见,在决策或制定相关政策法规时,主动与专家学者进行探讨,以使决策能够兼顾实操性和先进性,降低片面行政化导致的"心有余而力不足"的状况。同时,学术界的新生力量也应当在保护工作的实践中,完善自身的科研理论与技能,大胆学习和借鉴传统的或国外的保护手段、修复技术、开发理念等,并将之有所选择地应用到非物质文化遗产的保护实践中去。这就需要学术界积极地走在我国非物质文化遗产保护实践的前沿,走在我国非物质文化遗产理论研究的前沿,注重现实性强、应用性强的研究。

学术界作为我国科研理论动态的前沿阵地,应当始终处于领先性地位,尤其是对于新型科研技术手段和理念的创造上,具有其他社会力量不可替代的作用,是我国保护非物质文化遗产的重要群体。总体来看,学术界在非物质文化遗产中主要承担了以下三项职能:第一,学习并选择性吸收其他国家对其本国非物质文化遗产保护所采取的理念、技术、方法、模式等,将之用于我国的保护实践之中,同时,对我国保护设备进行技术升级与革新。第二,收集整合我国非物质文化遗产及其相关工作的信息,进行科学的整理和总结,形成适合我国非

物质文化遗产特性的系统性的理论和指导建议。第三,积极与各级政府及相关组织展开合作,为非物质文化遗产工作积极献策进言,提供专业支持。

(二)商界的作用

参与商业性经营及产业化开发是商界进行非物质文化遗产保护的两种主要方式。① 随着我国市场经济的发展,企业和营商个体获得了更大自主权,在非物质文化遗产的保护和开发中,企业和营商个体能够自主发现商机并参与其中,推动非物质文化遗产文化效益与经济效益的有效结合。企业和营商个体在非物质文化的传播推广过程中,扮演了"中介者"这一角色,其所进行的经济活动通常不会对非物质文化遗产产生伤害,还能够通过有效的包装与创新推动非物质文化遗产的传播。例如,当前很多企业和商户开始将刺绣、剪纸等传统手工艺运用到服装、工艺品等现代工业制品中,利用机械化进行作业,使非物质文化遗产的生产成本降低而生产规模扩大,推动了非物质文化遗产进入"寻常百姓家"。此外,文艺作品中也不乏非物质文化遗产元素,如芭蕾舞剧《牛郎织女传说》等,都是非物质文化遗产商业化的表现。

但需要注意的是,非物质文化遗产的开发不能对非物质文化遗产造成破坏,经济效益必须服从社会效益,处理好二者之矛盾,也是非物质文化遗产保护工作亟待解决的问题。

(三)各类教育机构的作用

在非物质文化遗产保护工作开展过程中,教育机构发挥着重要的作用。从整体来看,各类教育机构本就具有培养人才、传播知识以及传递文明等作用。具体而言,非物质文化遗产保护工作中的教育机构主要在以下两个方面发挥作用:第一,教育机构所面对的受教育者存在较大差异,其学习与理解水平不一,因此需要用便于个体理解的方式传授高深的知识,这就促使受教育者更容易理解非物质文化遗产的工作理念、研究成果等,这对于加深非物质文化遗产保护主体的理论认识、促使其更为科学地开展保护工作具有重要意义;第二,教育机构的相关活动为非物质文化遗产保护人才的养成创造了条件,有利于非物质文化遗产事业的发展。

---

① 张燕峰.非物质文化遗产保护主体研究[J].文化学刊,2021(6):65-67.

各级教育机构在开展非物质文化遗产教育工作中既要传授相关的知识和一定的技能,更要向受教育者讲清楚某些非物质文化遗产项目的某些独特行业禁忌的时代背景和其独特的时代意义。尤其是当传授的某些行业禁忌与政府所倡导的文化理念相背离时,各级教育机构更要严格按照政府的教育方针,开展多个层面的分析,让受教育者在接触相关知识、继承传统文化的同时,又能够辩证地分析这些独特的行业禁忌,让受教育者既能看到这些行业禁忌在非物质文化遗产传承中的积极作用,又能看到其不可掩饰的时代局限性。如某些传承项目存在"传男不传女"的戒律,虽然具有保护项目的独有性,保证其家族对该项目的独占性作用,但同时也在另一个层面传递着重男轻女的封建思想。

(四)新闻传媒的作用

非物质文化遗产拥有多样化的价值,包括科学价值、文化价值、历史价值以及艺术价值等,凝结了一个国家或民族文化的精华。非物质文化遗产涵盖的内容比较全面,涉及本民族多个社会领域。新时期,市场经济不断发展,部分社会主体盲目追求经济效益从而忽略了社会效益,对非物质文化遗产的保护意识不强,也未系统、全面认识非物质文化遗产;甚至部分非物质文化遗产的传承者为了提高生产效率选用现代工艺,放弃了传统工艺。这都不利于新时期非物质文化遗产保护工作的开展。随着科技的迅速发展,新时期的新闻传媒种类有所丰富,其传播效率与技术水平有所提升,相关保护主体可以借此加强宣传,促使相关经济主体、传承者等增强保护意识。

对于新闻媒体来说,非物质文化遗产代表着一种当地历史的记忆、一种地域文化的鲜明符号,而非物质文化遗产传承人则担负着传承中华优秀传统文化的责任。对于新闻媒体来说,虽然随着社会发展,许多优秀的传统文化已经走进历史的记忆中,但是只要有"活"的传承人存在,那么新闻媒体就有责任有义务将其挖掘报道出来,使本地的优秀传统文化保护传承下去。作为新闻媒体,媒体人应该肩负起传播非物质文化遗产的重任,透过"非遗"现象,去挖掘其历史背景、传承过程以及丰富而独特的文化内涵,用历史与现实相结合的方式,着重描述非物质文化遗产的流传原因、独特性,甚至报道出其与当今社会主流文化之间的争议点,让受众自然而然地了解非物质文化遗产本身,以此呈现出一个有血有肉有骨架的非物质文化遗产,唤起受众对非物质文化遗产的重视和关注,使非物质文化遗产重新发扬光大,绽放出更加夺目的光彩。

在非物质文化遗产保护工作开展过程中,新闻媒体发挥的作用具有多样性,其不仅能够将相关信息传递给大众,包括相关政策信息、研究成果等,还能发挥对相关社会主体的监督作用,促使相关社会主体规范言行。

从整体上来看,非物质文化遗产保护工作中的新闻媒体主要具有四大作用:第一,新闻媒体具有传播理念的作用,不仅传播国内的相关理念,还为大众带来国际非物质文化遗产保护与研究的相关理念;第二,新闻媒体通过媒体人独特的发现视角,把非物质文化遗产的各种实践、表演、表现形式、知识体系等,以广大民众能够接受、能够理解的语言报道出来,激发广大民众的好奇心,吸引大家关注非物质文化遗产保护工作;第三,新闻媒体围绕热点问题对非物质文化遗产进行全方位解读,促使民众能够及时了解学术领域的相关信息,也促使民众能够掌握相关政策信息;第四,新闻媒体具有舆论监督的作用,不仅能通过报道宣传有益经验,还能通过报道揭露不良行为与现象,促使相关主体进一步规范言行以及操作流程等。

正确引导大众是新闻媒体应尽的义务与责任。在非物质文化遗产保护工作开展过程中,新闻媒体应当通过报道宣传非物质文化遗产的重要价值。如今,新闻媒体的传播介质比较多样化,非物质文化遗产的相关宣传工作既可以借助纸质媒体开展,又可以借助电子媒体开展。

(五)民间资本的作用

非物质文化遗产保护工作的资金来源比较多样化,民间资本是其中非常重要的组成部分。民间资本不仅为非物质文化遗产保护工作的开展奠定了经济基础,还为大众进一步了解非物质文化遗产提供了契机。具体而言,非物质文化遗产保护工作中,民间资本主要通过两种方式发挥作用:第一,民间资本为非物质文化遗产保护工作的开展提供资金支持,促使各个环节能够顺利实施;第二,得益于民间资本的注入,非物质文化遗产项目的经济效益得到一定程度的调节,进而获得发展与繁荣的动力。

民间资金在非物质文化遗产保护中一直扮演润滑剂的角色,对于诸多非物质文化遗产项目的振兴和文化市场的繁荣发挥着不可替代的作用。但是,我们也应该认识到由于民间资金的趋利性,其所做出的任何举动最终都要归结于经济效益的实现,甚至存在为了经济效益实现的最大化不惜对非物质文化遗产项目进行歪曲篡改的现象。因而政府应该对其进行积极引导,既要充分尊重其合理的经济诉求,又要保障其在参与非物质文化遗产保护工作过程中把社会效益摆在首要位置。尤其是当民间资金在一些非物质文化遗产项目的生产性保护中发挥作用时,必须保证核心技艺的原真性和工艺流程的完整性。我们可以鼓励和支持民间资金在一个平台以具体非物质文化遗产项目为蓝本进行产业化、商业化,甚至机械化,但必须以另一个平台原汁原味传承非物质文化遗产项目为前提。

(六)公共文化机构的作用

在非物质文化遗产保护工作开展过程中,公共文化机构能够发挥无可替代的作用,因此相关主体应当重视这些机构并使其价值得以充分发挥出来。一般来说,非物质文化遗产保护工作可利用的公共文化机构包括博物馆、图书馆、科技馆以及文化馆等。

图书馆和博物馆在收集、处理、保存和使用图形和视听材料方面发挥着重要作用。图书馆可以利用其优势开展与非物质文化遗产有关的图书阅读与报告会活动;博物馆可以举办非物质文化遗产资料图片展和具有代表性的艺术展览。

文化中心和群众艺术中心是政府设立的公共文化福利机构。[①] 目前,我国的非物质文化遗产保护组织大都设在文化中心或群众艺术中心,其功能如下:充分利用各自的人才和资源,利用所形成的文化网络,在城市或地区开展非物质文化遗产普查和相关数据的收集和检索;开展丰富多样的非物质文化遗产项目的宣传展示、保护传承、指导培训等活动;领导业余文艺队伍建设和文学民间艺术创作,组织传统民间艺术表演;开展对外大众文化交流。

(七)行业协会的作用

组织者、自律者是非物质文化遗产保护工作开展过程中的行业协会的主要作用。非物质文化遗产项目与行业协会的联系比较紧密,有时,非物质文化遗产项目就是由行业协会组织起来的。具体而言,行业协会主要通过以下三种方式助力非物质文化遗产保护工作的开展:第一,行业协会内部存在一定的约定俗成的习惯、禁忌等,这就有利于其在非物质文化遗产项目实施的过程中发挥

---

① 任思远,高梦.文化遗产保护与开发利用[M].天津:天津科学技术出版社,2023:56.

对文化的维护功能;第二,行业在发展过程中可能会出现某种危机,这些危机可能不利于非物质文化遗产项目的推进,行业协会在此情况下能够发挥组织作用,进而解除危机,推动非物质文化遗产项目的顺利实施;第三,行业协会会针对本行业相关活动与主体制定一定的规范,这就为相关行业主体有序参与非物质文化遗产项目提供了保障。

行业协会在非物质文化遗产保护中一直扮演自律者的角色。但是由于行业利益的现实存在,也确实存在一些为了本行业利益损害其他行业从业者、消费者利益的现象。当这一现象出现时,就需要由政府积极引导,逐步建立起政府主导、社会监督、行业自律、各传承主体依法传承的良性互动机制。只有这样,才能保证该行业的健康发展,保证该行业所涉猎的非物质文化遗产项目能够良性发展和有效传承。同时,也能够保证与该行业密切相关的其他行业的健康发展,保证非物质文化遗产项目所需的上游资源和下游出口,形成一个良好的产业链,促进非物质文化遗产相关产业的大繁荣和大发展。

第三节 非物质文化遗产的学校保护

一、高等教育在非物质文化遗产保护中的角色

(一)高等教育是非物质文化遗产保护理论体系的主要构建者

在非物质文化遗产保护工作体系中,高素质人才是一项重要需求。同时,高等教育是国家培养高素质人才的重要渠道,相关教育者应当重视并积极参与非物质文化遗产保护工作,在遵循客观规律的前提下建立、完善非物质文化遗产相关学科设置,将学术理论与实践经验传授给学生,不断为社会输送具有专业知识与广博见闻的高素质人才。在高等教育体系中,相关专家学者对非物质文化遗产的了解比较深入、全面,应当对相关信息进行整合,并逐步建立起专业的理论体系,促使非物质文化遗产保护工作的开展能够强化专业理论与人才基础。

(二)高等教育是非物质文化遗产保护人才的主要培养者

高等教育是社会人才的重要来源之一,是国民教育体系的重要组成部分。

因此,高等教育应当肩负立德树人的根本任务,向社会输送专业人才,促使非物质文化遗产有关项目的实施与推进。一般来说,高等教育体系主要通过以下两种方式培养对口人才:第一,高等教育通过设置相关学科与专业,促使民众不断提高对非物质文化遗产保护工作的重视程度以及认可程度等,促使大众将非物质文化遗产相关专业列入报考范围;第二,高等教育不断推进相关学者的理论研究进程,促使其通过学术研究活动不断加深对非物质文化遗产的理论认识,同时也为非物质文化遗产项目的实施不断积累经验。

二、非物质文化遗产融入高校思想政治教育

(一)非物质文化遗产融入高校思想政治教育的意义

1.凝聚民族繁荣精华,铸牢中华民族共同体意识之要求

非物质文化遗产中包含着丰富的少数民族文化遗产项目,它们共同闪耀在中华文明的苍穹中,成为各族人民在实现中华民族伟大复兴征程中的精神引领。[1] 在高校思想政治教育工作开展过程中,教育者应当使学生明确我国命运共同体的重要性以及形成过程等,促使学生自觉维护民族团结,进而自觉反对一切国家分裂言行;教育者还应使学生明确,中华优秀传统文化是中国人的精神食粮,能够为国人发展、国家发展提供重要的精神动力,促使学生能够以积极主动的态度维护、继承、创新优秀传统文化,促使学生不断增强民族凝聚力、文化认同感等。这些都是将非物质文化遗产融入高校思想政治教育工作的必然要求。

2.有利于培养大学生的民族文化认同感,培育践行社会主义核心价值观

世界各民族的文化都有其个性,不同民族的文化共同构成了绚烂多彩的世界文化。中华文化是世界文化宝库中的瑰宝,具有鲜明的民族特色以及不可取代的重要地位。将非物质文化遗产融入高校思想政治教育工作,有利于学生进一步加深对中华优秀文化的认识,促使其更加了解本民族的文化成果与历史文化成就等。另外,中华优秀传统文化渗透着一定的价值观念,其价值观念与现代社会的价值观具有一致性,对于建设和谐社会、推动现代社会发展进程具有

---

[1] 范琼.非物质文化遗产融入高校思政教育的四维审视[J].惠州学院学报,2023(1):38-45.

积极作用。这些价值观念在新时期有了新的内涵,即社会主义核心价值观。将非物质文化遗产融入高校思想政治教育,有利于学生在三观尚未完全成熟的时期学习、接受正确的价值观念,促使其朝着正确的人生道路前进,有利于学生树立远大的人生理想,促使学生主动践行社会主义核心价值观。

3.承载丰富思想智慧,坚定大学生的文化自信之举

个体对本民族文化的强烈归属感可以通过不断加强文化自信表现出来,其对本民族文化的归属感越强,所拥有的文化自信也就越高。中华优秀传统文化凝结形成了非物质文化遗产,具有独特的民族色彩与历史韵味,是古代劳动人民勤劳与智慧的结晶。大学生在非物质文化遗产的熏陶下,能够充分感受到中华优秀传统文化的魅力,促使其不断增强内心对本民族文化的归属感,进而不断提高其文化自信,使其积极从中华优秀传统文化中汲取力量,不断推动自身成长与发展。在新时期,中国要应对国际化的文化冲击与挑战,就应当使民众尤其是青少年不断提高文化自信,促使其主动保护与继承中华优秀传统文化,进而使其积极传播与创新中华优秀传统文化,不断增强我国在国际上的竞争力与话语权。

4.有利于培养大学生的民族精神

青年是国家发展的重要支撑。在今天,中国正处于社会转型的关键时期,各种社会问题不断涌现,青年应该认识到自己的责任与义务,不断贡献自己的力量。高校应该重视思想政治教育工作,加强对大学生思想道德的教育。非物质文化遗产是丰富学生精神世界的重要内容,能展现中华人民的智慧,也蕴含着中国人崇高的理想追求。因此,高校可以给学生开展非物质文化遗产教育,使学生在清楚了解非物质文化遗产深刻内涵的基础上,不断彰显自身价值,培育民族精神。

5.强化学生的集体意识,培养大学生爱国主义精神

非物质文化遗产就是中华民族集体的智慧结晶。[①] 大学生可以利用"非遗实践调研团"的形式近距离地与非物质文化遗产接触,高校也可以将非物质文化遗产与公共课、专业课相结合,从而使大学生可以借助不同的形式认识非物质文化遗产。非物质文化遗产教育其实就是一种隐性的思想政治教育,教师能

---

① 王思源.非物质文化遗产融入高校思想政治教育研究——以其价值及路径为重点[J].山西经济管理干部学院学报,2021(2):65-68.

利用丰富的非物质文化遗产内容完成对学生的爱国主义教育,使其能培育爱国主义精神,也能增强对民族文化的认同,自觉地肩负促进中华民族伟大复兴的重任。

6.帮助大学生激发创新能力

"培养大学生的创新意识,提高大学生的创新能力"是大学生素质教育的核心,是大学生获得知识、运用知识、全面提升个人综合素质的关键。[①] 高校思想政治理论课教师应该深入挖掘非物质文化遗产中的思想政治教育要素,并将这些要素合理地融入思想政治教育中,这样,学生就能在接受思想政治教育的同时,加深对非物质文化遗产的了解,也能显著提升学生的学习积极性。教师可以在与学生进行沟通的基础上,了解学生对传统艺术的需求,进而结合学生的实际需求为其选择合适的非物质文化遗产,并组织他们参与非物质文化遗产实践活动,为学生举办非物质文化遗产讲座,等等。在参与多样的活动的过程中,学生就能逐渐培育保护非物质文化遗产的意识,也能增强创新非物质文化遗产的能力。

(二)非物质文化遗产融入高校思政教育的策略

1.高校要高度重视非物质文化遗产

大学主要发挥人才培养、科学研究、社会服务和文化传承四大职能。非物质文化遗产是人类智慧的体现,蕴含着丰富的育人思想。因此,高校应该在总结四大职能的基础上,开展非物质文化遗产教育,从而积极发挥自身在非物质文化遗产保护与传承工作中的作用。

首先,传承人是保护与传承非物质文化遗产的重要主体,高校应该认识到这一点,并积极邀请他们到高校开办讲座,或者让其在思想政治理论课上向学生讲解非物质文化遗产知识。非物质文化遗产融入高校思政教育,能丰富高校育人的内容与形式,也能促进大学生思想道德素质与文化素质的提升。

其次,高校的发展并不是自身独自发展的,它总是与当地社会、政治、经济与文化等要素紧密结合起来。正是因为如此,高校在促进社会、政治、经济与文化发展方面往往能够发挥作用。非物质文化遗产是一种独具特色的地方文化,

---

① 叶萍,李敏.对非物质文化遗产融入高校思想政治教育的思考[J].黑河学刊,2021(2):67-70.

高校应该审视驻地周围的非物质文化遗产,并对其加强挖掘与研究,从而使学生能从认识本地非物质文化出发了解更多非物质文化遗产知识。

2.创新非遗融入思政课教育方式,开设非物质文化遗产课堂

要进一步创新教育形式,建立更加多样的非物质文化遗产教育基地,同时将非物质文化遗产教育与思想政治理论课相结合。首先,高校可以组织本校教授非物质文化遗产与开展思想政治教育的老师,让他们编写相关教材,从而实现非物质文化遗产教育与思想政治教育的有效结合。其次,要对思想政治教育内容进行灵活把控,同时,还应该在中国特色社会主义理论的引领下,不断探索非物质文化遗产与思想政治教育的融合点,从而利用非物质文化遗产促进高校思想政治教育的创新。教师要重视学生主体性的发挥,能积极挖掘本土非物质文化遗产资源,鼓励学生讲解自己家乡的非物质文化遗产资源。这样,学生就能对非物质文化遗产产生兴趣,也能在非物质文化教育熏陶中接受思想政治教育。

3.开展实践活动

(1)开展以非物质文化遗产为主题的校园实践活动

学生社团是大学生参与度和兴趣度最高的一种组织,其社团文化是校园文化的重要组成部分。非物质文化遗产可以与高校的学生社团相结合,通过社团组织学生参与非物质文化遗产的学习与实践,使非物质文化遗产以更加生动和鲜活的形象贴近大学生的文化生活,提升学生对非物质文化遗产的关注度与兴趣。此外,高校可以组织以非物质文化遗产为主题的系列活动,打造"非遗"文化周、"非遗"文化月等,使校园中形成浓厚的非物质文化遗产传承氛围,学生可以在耳濡目染之中提升自身的人文素养及对传统文化的认同感。

(2)充分利用多种实践形式促进学生对非物质文化遗产的传承

高校可以利用第二课堂、实训基地、社会实践等形式为学生提供实践非物质文化遗产的机会。正所谓"纸上得来终觉浅,绝知此事要躬行",仅仅依靠日常的展示和讲授,很难让学生全面认识和深入了解非物质文化遗产,只有通过亲身参与非物质文化遗产的制作或表演,才能够使学生沉浸式地领会"非遗"博大精深的文化,自觉形成推广和创新非物质文化遗产的认同感与意识,真正成为"非遗"传承中的一员。

4.依托现代网络媒体,积极宣传非遗文化

随着科学技术的飞速发展,当今时代已是信息化时代,传统的传播媒介不

再适合当今信息快速化传播的需要。① 网络媒体与传播媒体相比,具备了传播内容广、传播速度快等优点,正是因为如此,其在青少年群体中发挥着重要作用。在这种情况下,高校应该利用网络平台开展非物质文化遗产宣传活动,这契合了学生的网络学习需求,也能让其更加主动地学习非物质文化遗产知识。

此外,高校还要加强与企业的合作,利用企业的技术与资源开展非物质文化遗产教育,这能延伸非物质文化遗产教育的空间,也能吸引更多的人参与非物质文化保护与传承工作。

5.资金保障

学校在非物质文化遗产融入大学生思想政治教育的顺利开展中,提供了多项资金保障措施。这些措施旨在为非物质文化遗产的传承、研究和推广提供必要的经费支持,同时也为学生提供了更多参与非物质文化遗产活动的机会。学校要设立专项经费,用于支持非物质文化遗产的保护与传承。这些经费来源于学校的预算,可以用于组织非物质文化遗产的培训班、研讨会、展览和演出等活动。通过这些活动,学生可以更深入地了解和体验非物质文化遗产,加深对传统文化的认知和理解。学校要积极争取外部资助,拓宽非物质文化遗产保护的经费来源。学校可以与政府、企业和社会组织等合作,申请专项资金用于非物质文化遗产的研究和保护。此外,学校还可以发起募捐活动,吸引社会力量参与非物质文化遗产的保护与传承。这样的资金保障措施可以为非物质文化遗产的传承提供更加可持续的支持。

6.增强教师知识储备,提高传统文化素养

要进一步增加思政课教师的知识储备,显著提高其传统文化素养。高校教师要始终将学看作教育的主体,认识到在思政课堂上开展非物质文化遗产教育就是要让学生形成对非物质文化遗产知识的认识与理解。这就要求思政课教师必须通晓各种非物质文化遗产知识,能在课下有意识地吸收相关研究成果。这样,其才能使非物质文化遗产知识更好地融入高校思想政治教育中,也能显著提升高校思想政治教育的质量。此外,思政课教师不能为传统的教育思维所束缚,而是应该进一步拓宽非物质文化遗产的视野,从多个角度使其融入思政课堂中,并在课上向学生全面讲解非物质文化遗产知识,在课下带领学生参与非物质文化遗产实践活动。

---

① 张晴.非物质文化遗产融入高校思政教育的思考[J].大众文艺,2024(4):158-160.

三、非物质文化遗产融入高校美育

（一）非物质文化遗产融入美育学科的内在联系

尽管从表面上来看，审美教育与非遗之间并无必然联系，但实际两者存在着一定相关性，这是能够在美育教育中传承和弘扬非遗的先决条件和依据。

1.非遗的审美内涵与美育内在一致

美育归根结底是提升审美能力的教育，高校美育的范围很宽泛但其目的很明确，就是培养学生发现美、欣赏美、创造美的能力。美育的内容受不同民族、不同地域文化的影响必定形态多样，可以说美育就是体现了民族的价值观、人生观，凝聚着千百年来民族文化发展的人文理念，是中华民族悠久的历史和璀璨的传统文化的结晶。

作为民族文化重要载体的非遗凝聚了民族独特的创造智慧、文化精神与艺术审美的精华，蕴含着醇厚的民族审美意蕴，与中国传统文化一脉相承，都体现着中国人的世界观和价值观，理应发挥以美育人的功能。

2.非遗的实践性是美育发展的内在动力

非遗和美育都具有不断发展、不断实践的特点。美育如果没有落实在实践操作层面，单纯限于美学理论的教育，无法起到培养全面发展的人格作用，只有通过实践，才能让学生具体地感知美、创造美，塑造完美的人格。非遗"活态"传承的特点是其实践性的根本体现，非物质文化遗产的每次展示都有特定的人的参与，没有特定的人去再现这一过程，非物质文化遗产的传承就会消失。因此，非物质文化遗产的再现和传承必须把实践性训练作为其核心内容，使广大大学生、教师打破传统美育固化的授课模式，走进山野田间，沉浸在非遗带来的审美体验和视听震撼中，促进美育创新实践能力的提高。

3.非遗丰富的美学表现形式是经典美育素材的延伸

大学的审美教育是以多种经典的艺术形式进行的，它具体、生动的表达方式是借助色彩、声音、身体语言等多种艺术形式进行的。① 经典艺术课程是高校美育内容体系的重要组成部分，这是合理的。但是，从其承载的观点与思想来

---

① 陈育荣.非物质文化遗产在高校美育中的价值及其实施路径[J].天津中德应用技术大学学报,2023(3):86-90.

看,这些思想与观点主要展现的是精英文化的相关观点,并没有涉及太多的民族与地方元素。非遗的形式多种多样,而且,在不同地域、不同民族文化之间,其形式更是差异性明显,这就展示了不同民族不同的审美观点与文化。非遗具有浓浓的乡土气息,且亲和力十足,因此能被看作是美育素材的进一步延伸与发展。将非物质文化遗产融入高校美育课程中,能让学生获得丰富的审美体验,也能提升其审美能力。

(二)非物质文化遗产与高校大学生美育融合的意义

1.拓展大学生的艺术审美知识

艺术审美内容众多,非遗就是展现内容的不错的表现方式,尤其从艺术形式层面来看,它可以从物理特性、使用价值等角度呈现审美要素。比如,年画、剪纸艺术有着独特的外观形式与色彩,因而可以给学生带来丰富的视觉冲击,因此,高校可以在高校美育课程中引入这些传统艺术,这能让学生掌握一些技能技艺,也能让其借助非物质文化遗产提升自己的审美能力。在参与高校组织的多样的传统艺术创作活动中,学生的审美知识结构将会变得更加完善。

2.增强高校大学生的审美能力

从非遗的内容与形式角度来看,不同形式的非遗活动能激发学生对非物质文化遗产的兴趣,能加强学生对非物质文化遗产的了解,也能使其深刻感悟非遗的艺术审美内涵。比如,像原始雕刻艺术这种非遗,其呈现形式可以是面具,制作面具的人可以利用自己的想象力制作形态多样的面具。高校可以组织学生制造面具,从而使其在制作的过程中不断加深对原始雕刻艺术的认识,也能提升自己的审美能力。

3.实现高校大学生的艺术审美认同

艺术审美认同是对艺术实践活动产生的心理感受。[①] 从非遗过程来看,它与人民群众的生活有着紧密的联系。非遗系统中的所有人都能参与非遗活动实践,都能成为非遗审美活动的主体,他们共同努力,能让非遗在高校获得广泛传播。通常情况下,人们能在生活中看到许多艺术元素,也能获得多样的审美体验。学生在校园生活中同样也能获得许多审美体验的机会,比如,高校可以将非物质文化遗产融入高校美育中,这样就能增强学生对非物质文化遗产的理

---

① 逄书超.非物质文化遗产与高校大学生美育的融合研究[J].天工,2023(20):75-77.

解,也能更加自觉地接受高校美育,实现对艺术审美的认同。

(三)高校美育中融合非物质文化遗产的原则

首先,活态传承。在非物质文化遗产传承实践中,教育者要密切了解活态化传承特点,因为民俗的本质便是彰显文化特色,也是区域的显著标志。民俗文化不仅要体现出对自然界的敬畏之情,还体现出祖祖辈辈的情感。要重视传承非物质文化遗产,带领学生主动加入民俗项目中,使得学生的精神世界不断得到滋养,夯实学生文化信念。

其次,创新发展。美育中融合非物质文化遗产元素,应坚持创造性发展。教育者要对教育资源进行灵活转化,把其当作大学生获取精神财富的一种途径,实现创新精神的延续和挖掘。[①] 美育实践中,应从国家层面的战略指导方针出发,全面致力于经济社会的创新,以非物质文化遗产故事的讲解为基础,提高文化软实力。

最后,"三好"理念。研究非物质文化遗产的本质,其作为祖先智慧的结晶,文化内涵彰显出流动性。在把非物质文化遗产和美育之间互相融合期间,应从始至终坚持传承、保护及利用等"三好"原则,体现出非物质文化遗产内在的历史教育和艺术价值。美育指导应坚守文化信念,对现有的非物质文化遗产资源进行创新,创设文化自信的全新途径。

(四)非遗融入大学美育课程的现实路径

1.完善课程教学,构建有效的教学体系

非遗融入高校美育,首先应该从课程教学入手,充分利用课堂教学手段凝结非遗与美育。

第一,应该将非遗知识编入美育教材中。课堂教学活动的有效开展离不开美育。目前,国内高校使用的美育教材有黄高才主编的《大学美育》(北京大学出版社,2018年)、仇春霖主编的《大学美育》(高等教育出版社,2000年)、姚军主编的《大学美育》(机械工业出版社,2010年)、沙家强主编的《大学美育十六讲》(高等教育出版社,2019年)等。这些教材的内容丰富,也非常精妙,但是里

---

① 陈姗姗.非物质文化遗产在高校美育中的价值[J].文化创新比较研究,2023(28):147-151.

面涉及的非遗内容并不多。把非遗融入高校美育教材,能显著彰显非遗的教育价值,能促进美育课程的教学。因此,在教材中,教材编写者应该合理地融入一些非遗内容,同时,还应该结合不同的审美内容选择适当的非遗内容。

第二,增设非遗选修课、公开课。作为大学美育的辅助课程,选修课、公开课的开设能够拓展课程的宽度与深度,弥补既有课程的不足,学生们也可以在这些课程中系统地了解和掌握相关的文化知识。概言之,一方面,应增设非遗基础理论课程,帮助学生宏观上提升对非遗的认识,提高思想理论水平;另一方面,还应开设非遗专题性课程如传统美术、传统工艺、民间舞蹈、传统戏剧等,从微观层面上帮助学生增进对非遗的理解。目前,一些艺术类高校或职业院校已经开设了雕刻、刺绣等选修课程,但也有很多高校,特别是理工科类学校未见行动。

第三,把各种非遗知识融入美育网络课程中。互联网时代,人们非常重视线上教育,慕课、混合式教学等模式不断涌现了出来,显著提升了教育的质量。非遗知识融入美育课程中,教师也可以应用这些先进的教学模式,构建更加科学的美育课程教学体系。这有利于学生全方位地了解非遗知识,也能提升美育课程教学的效率。

第四,要重视并发挥非遗传承人的作用。在非遗保护与传承工作中,传承人是重要的载体,是权威的存在。在这种情况下,高校可以引入非遗传承人,让其在美育课程中担任讲师,使其能利用自己掌握的非遗知识与技能促进学生审美能力的提升,这也能让更多的学生认识甚至喜欢非遗。

2. 加强直接体验,开展实践教学工作

进入 21 世纪,人们进入体验经济的时代。

现阶段除了经济领域中难以实现体验外,教育、设计等领域都在落实体验,甚至有的直接进入沉浸式体验的过程。体验式教学是可以实现知识和能力合一的开放性教学过程。其本质是使用实践教学方式,让学生对非遗内容产生浓厚兴趣,促使其感受非遗内容的价值。与以往的教学方式相比,体验式教学可以将非遗内容在学习实践中开展,从而更好地提升学生的综合能力。美育中包含的内容非常多,既对自然美进行体现,也对人文美、艺术美进行呈现。和其他课程存在较大差异的是,美育更加强调体验感。大学美育不能限制在课堂教学中,而是要走出校园,进入社会实践活动中。非遗是传承悠久的文化,既可以体现出行为文化,也可以展示出理念文化,具有灵活性的特点。这些都要求普及非遗要开展体验式教学,才能产生更好的效果。在高校美育教学中,明确实践教学方案,可以让学生对非遗产生浓厚的兴趣,从而让学生在体验的过程中感知美、发现美等。

就具体过程而言,高校在美育课程中开展非遗实践教学,应当从两个方面出发:一方面,鼓励和支持大学生参与非遗实践活动,如山水绘画、剪纸、风筝制作等;另一方面,支持和安排学生参观各类非遗展览馆、博物馆等。此外,高校美育中的非遗实践教学,往往呈现出三个特点:第一,明确的学习目标。体验式教学并不是让学生玩乐,也不是给学生提供消遣方式,主要是借助寓教于乐的方式增强学生参与社会实践的动力,这就需要学生有明确的学习目标。第二,完善的学习反馈机制。体验式教学并不能仅仅表现在形式上,更要在教学活动结束后,教师对体验式教学进行评价,从而对后续教学过程进行调整优化。第三,注重培养学生的反思能力。教育并不是对知识的直接传授,而是开展启发式教育。大学美育的参与者是学生,除了需要塑造审美素养外,也要培养学生的反思能力,让学生对非遗进行深度思考。

3.以非遗为主题,开展相关的学习活动

美育有广义、狭义之分。狭义的美育指审美教育,而广义的美育指利用一切具有审美价值的事物进行的教育。要将非遗融入大学美育课程,发挥非遗的教育功能,除了依靠课堂教学和实践体验外,还需要营造良好的非遗校园文化。大学校园应以非遗为载体开展相关的学习活动,这些活动可包括:将非遗传承人请进校园,请进课堂,和广大学生分享、交流非遗文化之美;在校园内开展非遗知识宣传活动,举办非遗竞赛、交流会、辩论赛等等。这些活动不仅能够普及非遗知识,更可以拓宽美育的教学空间,为非遗更好地融入大学美育课程提供强有力的文化支撑。

4.利用影像资料,呈现美育价值

影像资料是历史性的传承方式,也是对非遗的有效保存方式,同时可以利用数字化进行再创造。就时间传承而言,影像资料呈现出稳定性,不管是电影、纪录片还是其他影像资料,都可以从图像中获取一段时间、一段历史蕴含的信息资源。就空间传播而言,影像资料呈现出移动性,也可以充分利用多媒体平台交流,让非遗在不同平台中实现共享,充分体现出非遗的影像活化石特点。当前,一些非遗如灯笼、剪纸、风筝、泥人、面人、糖人等受到很多高校的重视,并且在各个专业学科中产生的作用越来越大。所以,高校可以与地区非遗进行有效融合,加快推动课堂实践活动的开展。例如,四川大学开展非遗进入校园的活动,利用活动项目与非遗衔接;西南民族大学以羌族刺绣为主,开展非遗传承培训活动,促使非遗与学生生活进行有效融合。从非遗层面分析,非遗既可以是一种工艺,也可以是一种行为,但是从历史传承角度而言更多是文化的延续,能为美育提供良好的资源。当前,很多高校都开始了非遗传承和发展活动,课堂和课外实践活动逐步成为美育的实践途径。

5.坚持美学立身,构建美学多维空间

在高校美育课程教学过程中要重视非遗的价值,加强与时代的结合,从而产生多元化的美学空间,也可以进行全面的空间塑造,逐步将审美价值、审美知识等融入美育教学工作中。

首先,应建立学术价值的美学空间。这种空间以学术价值为主,让非遗的学术维度充分呈现出来,如四川师范大学针对传统文化开展了理论汇编,并且出版了相应的学术著作。通过这种方式对非遗进行全面阐述,以此形成可以品鉴的内容。

其次,塑造满足学生的校园空间。例如,四川大学开展了很多与非遗相关的讲座,并且邀请知名专家交流讨论如何保护和发展非遗;四川师范大学也举办了与非遗相关的讲堂和学术沙龙等,涵盖的工艺美术内容非常广泛,很好地满足了学生的精神文化需求。非遗与文化活动衔接,拓展了美学的传播渠道。

最后,建立体现普遍性的社会空间。美育不仅可以在课堂中展开,也可以让社会空间与校园文化相融合,从而让美育更加符合学生需求,加大推动传播力度。如,西南科技大学与绵阳市民间文艺相结合,引入草编、粮艺画等具有区域特色的工艺美术作品,将其向全体师生介绍,并且要求羌族草编、面塑等工艺者开设此类项目的培训课程。通过活动与课程相结合,充分发挥文化优势和文化底蕴的作用,从而形成美学空间。

6.组建高素质和高水平的师资队伍

美育中融合非物质文化遗产,关键点是需要教育者大力引导,传统的非物质文化传承方式,以口耳相授的形式为主。为了更好地强化融合效果,应巩固师资团队,保障师资团队有高素质和高水平。严格要求教师的教育能力和素养,使得教师能够全面感知非物质文化遗产的内涵,自主形成非物质文化遗产传承思想,在美育多个环节(如课程设计、课程创新、资源准备和考核评价等)中主动融合非物质文化遗产。组织高校美育教师岗位培训,促进其文化素养不断得到提升,体现出师资团队组建的合理性、科学性。民间艺人及民族艺术绝活传承者,都应被纳入教师荣誉的评定范畴,不仅要调动教师进行非物质文化遗产教育指导的热情,还要加强在岗教师的综合教育水平。高校及时搭建非物质文化遗产和美育融合的教育资源中心,科学化借助社会支持结构体系,按照因地制宜的思路聘请优秀非物质文化遗产传承者,完善师资人力资源团队。这样高校和家庭及社区都可以灵活利用非物质文化遗产的资源,实现非物质文化遗产在社会领域的流传。除此之外,科学技术的应用对促进高校中融合非物质文化遗产也会产生重要作用。高校借助网络先进技术,大力创设远程培训方案,综合提升师资团队的实践能力。尤其是影像视频,带给教师及大学生视觉冲击,以直观化和形象化的形式吸引学生注意力,学生内心深处受到非物质文化遗产的熏染,便于培养学生良好思想观念和道德品质。基于此,完善非物质文化遗产的网络教育机制,不仅包含多个文化背景的艺人及行家等传承者,还可以培养学生更多掌握非物质文化遗产内涵的技能,端正高校学生思想行为。

7.强化以融化文,实现素养培育

融合是文化交流的必然趋势,而学生素养能力的提升也需要各类文化的有效支撑。

一方面要重视文化对流机制。结合高校学生情况,依托当地非物质文化遗产特点,开设特色非遗课程。非遗课程既可以拓展美育课程的内容和外在形式,也可以加快非遗文化的传播,逐步提升非遗的竞争力和社会影响力。

另一方面要形成互补教学体系。美育是当前提升学生人文意识的有效方式,也是增强学生民族认同感、文化自信的重要途径。因此,美育需要从内容上出发,与非遗进行充分融合,逐步形成专业课程、美学美育的互补教学关系,从而促进学生审美素养的提升。

四、高等教育与其他保护力量的联动

(一)高等教育与政府有效联动

高等教育在某种意义上是政府力量的一种延续,但是由于高等教育对社会的引领作用,其在很大程度上担当着政府关于非物质文化遗产理论研究先行者的角色,同时又在政府指导下系统传授非物质文化遗产保护的有关知识。高等教育在非物质文化遗产保护理论构建与完善方面的能力,正是政府高效开展保护工作所需的参谋和智囊。高等教育在非物质文化遗产人才培养方面的义务，也是最有效传达政府保护理念的途径。当然，政府在开展非物质文化遗产保护实践中遇到的一些问题也就成为高等教育学术研究关注的焦点，因而政府保护工作的需要也就成为高等教育非物质文化遗产学术研究的现实方向。在持续开展的保护实践中，政府也不断验证着高等教育的理论研究成果，并用自己的保护实践不断影响高等教育的研究方向和研究范围。

（二）高等教育与新闻媒体有效联动

高等教育通过多种方式提高受教育者对于本土文化，尤其是容易被忽视的非物质文化遗产的认知和传播自觉，提高他们对非物质文化遗产的认知力和参与热情，同时也为非物质文化遗产的传播事业造就了大批人才和受众，为繁荣新闻工作提供了一定的人力支持。新闻媒体在非物质文化遗产保护工作中发现的一些问题，也逐渐进入高等教育理论研究的关注视野，并为高等教育提供了不少双面的素材。

（三）高等教育与非物质文化遗产领域行业协会有效联动

高等教育所开展的教育活动是在传承主体开展专业性传承的同时，在另一个平台上对更大范围的受众开展了普及性教育，是对行业协会和传承人开展相关传承活动的良好补充。同时，非物质文化遗产领域行业协会在高等教育的指导下可以更好地系统开展宣传、展示、教育、传播、研究、出版等活动，根据国家有关部门的要求制定有关非物质文化遗产代表性项目在原材料、传统工艺流程和核心技艺方面的相关标准和规范，开展行业管理、行业服务、行业维权等工作，通过行业自律和行业监管，推动非物质文化遗产保护工作的健康发展。

此外，高等教育还要处理好与参与非物质文化遗产保护的民间资本之间的关系。鉴于政府建设任务较重，因而不可能长期承担非物质文化遗产保护工作所需的大量资金，势必会鼓励其他资金力量积极参与到非物质文化遗产保护工作中来，民间资本便是其中最大的资金力量。但是由于民间资本的自利性决定了其参与非物质文化遗产保护工作的出发点和落脚点都是为了自身利益，参与保护工作不过是其最终获得收益的方式或者途径。参与非物质文化遗产保护的民间资本出于塑造品牌的需要，会有针对性地设立一些有关非物质文化遗产保护的课题，通过提供课题研究资金的方式吸引高等教育参与研究。同时，高等教育通过有针对性地开展系列培训活动,在不断壮大各种保护力量的同时,也为民间资本参与非物质文化遗产保护工作提供了一定的智力支持。高等教育的理论研究和人才培养的成效还可以在一定程度上限制民间资本过于注重自利的本性,避免对具体保护项目造成新的破坏。

总而言之,高等教育能够通过系统的理论研究,推进非物质文化遗产理论体系的构建和学科化建设;能够通过多种形式的人才培养,提供非物质文化遗产所需的智力资源;能够通过与其他保护力量的有效联动,实现整体保护效能的最优化。

第五章　非物质文化遗产立法保护与发展创新研究

非物质文化遗产,是代代相传的无形财富,具有丰富的文化底蕴和深厚的历史积淀。这些珍贵的文化遗产扎根于民族,是民族文化传承的血脉。近年来,我国非物质文化遗产保护工作在政府的领导下,汇集社会各领域的支持,取得了较为可喜的成绩。为了更好地保护这些宝贵的文化遗产,我国还应当进一步做好非物质文化遗产相关的立法工作,为非物质文化遗产建立全面、系统、坚固的法律防线。

第一节　非物质文化遗产保护立法概述

一、非物质文化遗产保护的立法模式

当前,世界各国在针对区域非物质文化遗产保障制度的专业性建设方面在一定程度上达成了共识。有部分国家甚至还将对非物质文化遗产的保护写入了宪法,并进行了相应法律的细化。很多国家现行法以及一些正在酝酿中的法律,都涉及传统社区、民族等对该地域、民族非物质文化遗产的保护。

但是,各国国内在非物质文化遗产保护立法模式的选择上各有不同,大致分为两种模式:一种是单行法模式,即针对非物质文化遗产的不同领域制定法律。另一种是综合立法,即法典化,将非物质文化遗产作为一个整体立法,不针对不同领域进行专门区分。单行法具有更为专业化、更有针对性的优势,立法可以围绕特定事项展开细致、具体的规范,而且能够有效简化修改程序。尤其是,单行法能够更加精准地限定适用范围,使法律的适用以及理解都相对容易。但同时,单行法模式存在其固有的弊端,由于针对的是具体事项,在形成法律后

会造成法律条款多如牛毛,法律适用过于繁杂,司法成本增加的问题。此外,由于单行法所针对的客体相对狭窄,法律约束极为具体,这容易造成法律的适用失去弹性。因此,多数国家在非物质文化遗产专门法保护上采取的是法典化模式。

综合立法模式可以将非物质文化遗产的所有内容进行汇集与整合,根据法律的适用规律和保护需要,编制成逻辑严密、相互补充、总分结合的法典,以使法律简洁的同时,具有整体感,有利于法律的正确解释和适用。但是,优质法典的编撰需要深厚的学术研究积累,形成体系化的法律理论;同时还需要丰富的法律实践经验包括现有法律的运行及法院的判决等。就我国目前的情况分析,非物质文化遗产知识产权保护的研究已有一定基础,实践中的保护经验也在逐步丰富,但是就法典的编撰而言还需要进一步的积累。但鉴于非物质文化遗产保护的紧迫性,目前应尽快搭建一个保护非物质文化遗产的知识产权框架,通过借鉴国外相关完善的知识产权法律法规进行补充和规范,以作为非物质文化遗产保护的应急性处理。此种方式可以使非物质文化遗产不同领域的规范法理协调、周延,并且易于根据实践的发展进行适当的修改和调整,以利于非物质文化遗产的保护。

非物质文化遗产的保护,仅有国内的保护是远远不够的。非物质文化遗产的国内法具有严格的限定,无法在其他国家发生效力。由于多种原因非物质文化遗产被外国公司获取,并且它们最终在国外获得了知识产权保护。比如,印度的瑜伽文化,就在美国被注册为专利、商标。国家层面的保护制度就有很多问题不能解决,尤其是"医药技术"的剽窃等问题。1971年,在海牙国际私法会议上通过的《民商事案件外国判决的承认和执行公约》会对商务诉讼的私法判决和禁令救济的全球执行及有关国家主权问题产生影响。依据该公约,成员国同意执行根据具有初始管辖权的国家的国内法做出判决。因此,根据某一特定国家法律做出的保护非物质文化遗产的决定在其他国家的司法管辖中会变得可以执行。这将有利于非物质文化遗产的跨国剽窃问题的解决。目前,非物质文化遗产保护还需要考虑另一个重要问题:建立非物质文化遗产的专门知识产权保护制度的道路是应从建立国家层面的法律开始,然后逐渐发展成为国际规则,还是相反,应该由后者为建立国家层面的规则提供框架。①

在知识产权层面,国际规则通常是为了基于国家法律协调现行规范抑或使部分范式意义的法律具备国际性质。《集成电路知识产权条约》采用了先国内立法再形成国际规制的方式,其即受到美国、欧盟、日本的立法影响而形成的。世界知识产权组织(World Intellectual Property Organization,WIPO)是当前知识产权保护历史较为悠久的政府间组织,推进传统知识的国际保护。但需要注意的是,国际法律框架的搭建必然会分散对国内相关法律重要问题的关注度。例如,与国家主权原则有关的问题就是制定国内法无法回避的问题。而且,假如通过国家间的协商制定国际条约,则可能会淡化非物质文化遗产发源地本身所具有的保护与传承功能。因此,在非物质文化遗产保护立法模式选择上,国内法律加强建构和完善的同时,不应忽略国际法律的参与与完善,在国内保护的基础上推动非物质文化遗产的国际保护。

二、中国非物质文化遗产保护立法系统谱系

(一)国际条约—宪法—国家立法—地方立法的立法模式

2003年10月,联合国教科文组织第32届大会通过了《保护非物质文化遗产公约》,要求"各缔约国应该采取必要措施确保其领土内的非物质文化遗产受到保护"。

《中华人民共和国宪法》(下称《宪法》)的第4条、第22条、第47条、第119条等均直接或间接地规定了公民文化权利的相关内容,但是这些文化权利对于非物质文化遗产的文化成果的保护相对较弱。非物质文化遗产的保护也并未在《宪法》中进行直接性规定,而是更多依靠其他法律进行规制。

《中华人民共和国非物质文化遗产法》(下称《非物质文化遗产法》)是针对非物质文化遗产制定的单行法,是当前开展非物质文化遗产相关工作最为主要和基本的法律。

此外,在《宪法》和《非物质文化遗产法》确立的法律主干之上,还有各类地方性法律法规及政策作为非物质文化遗产保护的细化。

---

① 齐强军,齐爱民,赵敏,等.少数民族非物质文化遗产保护问题研究[M].北京:中国法制出版社,2022:188.

(二)横向维度的私法体系与公法体系

在现代法治社会,传统文化应该具备相应的法律地位。在对非物质文化遗产的保护上,国家应当建立以权利为核心的私法保障制度和以权利义务为内容的公法制度。从私法的角度来看,当前法学界已经对如何保护知识产权基本达成了一致,例如,各国均认为知识产权法的适用范围应囊括对非物质文化遗产的保护。但知识产权法的边界性决定了其无法完全覆盖非物质文化遗产保护问题。

在公法体系中,《宪法》与《保护非物质文化遗产公约》的有关条款均涉及国家和政府应当建立健全非物质文化遗产的保护机制,包括对非物质文化遗产的发现机制等。此外,法律还应该建立一套针对非物质文化遗产损害及侵权的监管与问责制度。的确,如今的法律体系很难将公法与私法的性质区分得非常清楚。在对某些非物质文化遗产的保护过程中,有的地方立法会确立非物质文化遗产的生产性保护方向,并从法律层面鼓励非物质文化遗产的开发,以产生相应的商业效益,这类立法就同时具备公、私两类法律性质。可以想见,这会成为今后非物质文化遗产地方性立法的普遍现象。

(三)表层—深层结构与呈多样性的文化系统

在系统论视角下,"文化生态"理论将文化视为具有自我表述、自我生成能力的自创系统。基于此,我国的传统文化从总体上就属于一种具有强大生命力的自创系统,而我国非物质文化遗产深深扎根于传统文化的"土壤"。在文化结构上,存在着两种不同的划分方式,一种是文化表层和文化深层的划分,一种是表层文化、中层文化和深层文化的划分。

在前者的划分中,表层文化指的是人类活动的范式文化,如衣食住行、文艺创作等在文化领域的实践。在后者的划分中,表层文化指的是文化的物质载体或物质表现,是人类能够接触到的、最为直接的文化。后者划分的表层文化显然是处于相对静止和稳定状态的,与之相对的是处于明显运动状态的中层文化,如人类所进行的社会生活活动。关于深层文化,学界形成了一种共识,即深层文化反映了一个民族的价值体系和意识倾向,深层文化中的文化实践在一定程度上是由广泛的信仰和价值生成的,其在一定程度上反映了这个民族的世界观。①

在文化领域,非物质文化遗产被认为是具有传承性和地域性且相对处于弱势地位的文化。尽管不同的非物质文化遗产的现存状况和利用状况不同,但其都在现代文明的冲击下逐渐由主流文化退居边缘,其中很多遗产项目甚至具有失传的风险。因而,非物质文化遗产的立法工作应当充分挖掘其深层文化价值,把握其中层文化规律,巩固表层文化状态,使非物质文化遗产能够全方位地得到法律的支撑。

第二节　非物质文化遗产保护立法理念、原则与方向

一、非物质文化遗产保护的立法理念

(一)整体性保护的理念

1964年5月,国际文物工作者理事会(ICOM)在威尼斯召开会议通过了《国际古迹保护与修复宪章》即著名的《威尼斯宪章》,其第1条和第6条规定了整体性保护原则。

文化遗产保护工作在很长一段时间内都将整体保护视为关键性原则,可以说,该原则是各国保存、复原、修缮文物、遗迹、古建筑等都会遵循的基本方向。当然,随着社会的发展和考古学的进步,文物的概念一再扩大,如今历史古城、古村落等也被纳入其中。1985年12月,中国加入《保护世界文化与自然遗产公约》;1987年12月,包括周口店北京人遗址、敦煌莫高窟、泰山、长城、秦始皇陵及兵马俑在内的第一批中国的文物古迹入选世界遗产。以此为契机,中国各界也吸收了世界文化遗产保护的整体性理念。

作为文化遗产的重要组成——非物质文化遗产,其保护也必然会遵循整体性理念。非物质文化遗产保护整体性原则的"文化生态观"是以区域文化体系可持续发展为出发点,注重非物质文化遗产项目与其生存范围内的其他文化要

---

① 覃翔楠.非物质文化遗产保护的立法决策[J].文化产业,2023(17):13-16.

素的内在联系与依存关系,将该非物质文化遗产项目置于其所依存的整个社会体系中,充分考察其与周边生态环境、人文环境、社会制度等要素的联系,并发掘其背后的原因。① 而上述要素都是非物质文化遗产保护相关法律所应当囊括的,但如此繁杂的要素无疑使法律的制定与施行变得困难。所以,整体性保护理念所关涉的不只有具体的文化遗产保护实践,而且还会对非物质文化遗产立法产生影响,这是立法过程中应当贯彻始终的理念。

《非物质文化遗产法》第 26 条其实就是对整体性保护理念的体现与强调。在非物质文化遗产的实际保护工作中,可以在法律与整体性理念的指导下建设综合性文化遗产保护园,作为文化遗产传承、创新与开发利用的实验场域。此外,地方性立法也需要秉持整体性保护理念,对《非物质文化遗产法》进行细化与衔接,使法律更具针对性与可操作性,为非物质文化遗产保留相对完整的传承链条与生存环境。

(二)重视"人"要素的理念

1.关注非物质文化遗产地居民的作用

非物质文化遗产的生命力在于流动,因而从这一角度来说,生产与消费非物质文化遗产的人就是保护、继承及推广非物质文化遗产的人。非物质文化遗产是国家和世界的文化瑰宝,更是其发源地和传承地人民的精神财富。所以,要保护好这份无形的文化遗产,不仅需要依靠国家及专业人员的支持,更要依靠当地人民群众的力量。

作为至今传承非物质文化遗产的地区人民,非物质文化遗产已经成为其生产生活的一部分,而当地世俗社会则构成了非物质文化遗产得以生存的生态环境。因而,在开展非物质文化遗产的立法工作时,决不能将"保护"视为一种孤立的工作,不能割裂非物质文化遗产与当地人民和社会的关联,而必须在尊重当地人民风俗、情感和权益的前提下推进保护工作。

2.强调非物质文化遗产传承人的作用

非物质文化遗产很多来自民间的口耳相传、代代承袭,这种传承方式由于缺乏系统的理论和稳定的载体,因而极易产生偏差,传播范围也较为狭窄。而

---

① 田艳,艾科热木·阿力普.《文化遗产保护法》的统一立法模式考量[J].西南民族大学学报(人文社会科学版),2019,40(2):58-62.

且很多非物质文化遗产是人民赖以生存的立身之本,并不外传,所以时刻都有断代技失的风险。而传承人制度就是为了弥补这种文化遗产传承方式的缺陷,传承人的关注度越高,非物质文化遗产流传范围越广。

首先,我国立法对非物质文化遗产传承人的资格认定问题必须重视。非物质遗产传承人的资格一定要严格按照科学、权威的法定程序授予,并经过专业机构的评定和审核。整个认定程序应当公开、透明,保障公正的知情权和监督权。日本、韩国等国家对此已有较为完整的法律实践。例如,日本通过其《文化财保护法》将艺能表演艺术家和工艺美术家的认定赋予了极高的法律地位。《文化财保护法》还确立了个别认定、综合认定和保护团体认定三类认定方式。

其次,立法应当明确非物质文化遗产传承人的地位与权利义务。在很长一段时间里,非物质文化遗产的继承者都难以得到社会的认可,成为一个游离于现代文化主流之外的群体。针对这一状况,法律对技艺高超的艺人、工艺艺人、工匠等重视不仅要体现在财产补贴、权利保障层面,而且还应当明确其社会地位,从物质和精神两方面鼓励他们精进技艺,进行技术革新。通过这些行之有效的举措,可以更好地推动非物质文化遗产的保护工作。此外,法律还应当对非物质文化遗产传承人的义务予以规范。一个"传承人"必须完成非物质文化遗产传承的任务,如果不能完成这个任务,哪怕他具有极佳的技术,也不能起到"传承"文化的作用,又何以被称为"传承人"呢?例如,韩国《文化财保护法》就对个人文化项目的"活态"监测与传承进行了明文规定,要求有资格的技艺能保持者需要对文化财产进行传授教育,并每年至少向公民公开一次其所保持的技艺能。

最后,法律需要规范非物质文化遗产传承人的卸任和接任机制。传承人并不能等同于非物质文化遗产,其作为公民,一方面具有选择继续担任传承人与否的权利,另一方面也会面临难以担任的客观情况。因而,法律应当规范传承人的"卸任"机制和"接任"机制,既要尊重传承人的基本权利和客观情况,又要保证非物质文化遗产传承的延续性和专业性。

二、非物质文化遗产保护的立法原则

(一)整体与具体的协调原则

基于整体性保护理念和非物质文化遗产具体状况,专项立法可以说迫在眉睫。但在实践中,各种保护要素、保护方式、保护主体存在相互交错并行的普遍现象,这使得专项立法既要做到主旨明确、重点突出,又必须考虑在整体立法格局中的协调平衡。①

因为非物质文化遗产在传承过程中呈现出的流变与动态的特征,其传承随时都面临新的情况,因而其能否健康发展,有赖于保护主体的能动性和保护措施的合理性。非物质文化遗产的保护与传承具有一定特殊性,这就要求我国在专项立法的过程中,必须在立足现实的同时,以前瞻的目光预测其未来走向;在充分发挥各方保护主体效用的同时,增强其管理的科学性和系统性。

(二) 多元化保护原则

现代生态学研究成果表明,多样性是维持生态系统稳定的重要因素,"生态系统保持稳定、抵制进化变迁的能力,取决于多样性和各自生物内部的联系""多样性是稳定的关键"②。多元文化是人类在改造世界及与社会磨合的过程中所产生的具有差异性的文化选择,其决定了不同文化具有不同的思想内涵、美学体现、历史标志、社会价值,也决定了某种文化的特定性、不可复制性和不可再生性。

很多文化,由于民族的消亡、居所环境的改变、战争及外部文化的侵略,已经永远湮灭在历史的洪流之中。而现代文明的冲击,更是加速了一些边缘文化和弱势文化的濒危和消逝。即使从我国来看,历经五千余年的中华传统文化也由于社会的变迁与文化的冲击,遭受了严重的破坏与遗失,这已经成为一种不可忽视的本土文化危机。在国际层面,以语言为例,世界上的语言根据不同的分类标准,少则约3000种,多则达6000余种,但其中有一些语言由于使用人口逐步减少,正在走向消亡。③ 最典型的例子就是随着现代文明的推进,原本使用土著语的印第安部落的人数逐渐减少,当他们的后代融入现代生活,使用某种土著语的最后一个人去世的话,这种土著语言也就消亡了。

所以,制定相关法律保护多元文化,避免文化消亡是历史与民族的要求。

---

① 王燕.苏州市非物质文化遗产保护立法与管理体系建立的理论依据与实践[J].苏州教育学院学报,2022,39(1):8-15.
② [美]哈迪斯蒂.生态人类学[M].郭凡,邹和,译.北京:北京文物出版社,2002:35.
③ 汪丽影.日语社会语言学研究[M].南京:东南大学出版社,2022:25.

现行法律还存在着更注重物质权益保护,而忽视文化尤其是民间文化保护的倾向,这就要求在此后的法律制定与修订过程中,必须坚持以生态理念改革法律认知,推进法律对文化生态的关注与保障。《世界文化多样性宣言》指出:"尊重文化多样性、宽容、对话及合作是国际和平与安全的最佳保障之一""文化多样性——人类的共同遗产"。《保护非物质文化遗产公约》指出:"它是文化多样性的熔炉",确立了非物质文化遗产的保护多样性的原则。

三、非物质文化遗产保护的立法方向

(一)搭建非物质文化遗产保护主体关系网

在对种类繁多、内容丰富的非物质文化遗产进行保护的过程中,立法需要把各级政府的职权、责任和非物质文化遗产保护相联系,充分发挥其各自的职能优势,串联搭建保护主体的关系网。通过立法工作,对各个保护主体的权能进行厘清与限定,特别是在不同保护主体权责重叠的地方,需要法律对其功能的发挥和优先级予以确认,避免保护管理工作的冲突。

此外,法律应当推动各保护主体之间建立关联,在法律设计职能框架和工作流程下,实现主体间的有效衔接和互动,从而织就一个涉及非物质文化遗产保护的全方位职能网,避免由于不同的主体造成的孤立管理、重复建设等情况,使各部门能够相互补充、协同配合,形成保护合力。

(二)确保非物质文化遗产立法具有针对性

如果说,全国性立法工作通过规范的制定、执行应当为全国范围的非物质文化遗产保护提供法律指引,则地方性立法就应当使各地方及部门应当在法律规定的职权范围内,根据当地的实际情况和非物质文化遗产的特点,设计具有可操作性的保护条款,以便于法律、法规、政策的落实和保护工作的实际推进。

在法律框架内,当地政府可以采取有针对性的举措,如公布非物质文化遗产名录、创新传承人制度、增加财政支持等,使具有鲜明地域和民族特色的传统文化遗产得以广泛传播。地方立法部门需要认识到,《非物质文化遗产法》是一个相对宏观和抽象的法律,其在地方上的适用需要依据地方非物质文化遗产的保护实际与需求进行细化。例如,民间艺人的艺术传承在《非物质文化遗产法》仅能找到笼统和泛化的规定,是抽象的、普遍适应的规则,而有关具体的传承人激励和补贴、传统技艺宣传、传承形式等并不可能在这部法律中有具体体现,因而,地方就需要将这些有针对性的措施通过地方性立法加以明确。

(三)通过立法设置多元化的保护措施

地方立法主体在开展非物质文化遗产的立法工作时,必须具有前瞻性的目光和宏观布局的能力,不能孤立地、片面对某一问题进行规制,而应尽可能丰富法律保护的方式与路径,建立法律主线鲜明、补充政策完整的非物质文化遗产保护的法律体系。

以西藏自治区人大的立法为例。西藏非物质文化遗产大多是依托藏语以口耳相传的方式进行传承的。因而,1987年,西藏自治区人大在《宪法》《民族区域自治法》等法律的框架内,根据传承非物质文化遗产的需要,通过了《西藏自治区学习、使用和发展藏语文的规定》,要求政府加强对藏语的学习与应用,这是以保护非物质文化载体(即藏语)的方式保护西藏的非物质文化遗产的传承。

(四)注重宏观统筹和多维立体的有机统一

非物质文化遗产的保护,应当加强顶层设计,形成以《宪法》与基本法为主干、其他法律及地方性立法、政策为补充的法律保障系统,使非物质文化遗产保护工作能够有法可依。同时,在法律的带动下,地方政府应当对文化遗产资源进行整合,达到科学管理、全面保护非物质文化遗产的目的。

当然,由于非物质文化遗产类型繁多,而我国在此方面的法律建设也尚未完成,相关领域的立法工作仍需进一步完善。非物质文化遗产相关的现行法律体系尚缺少宏观性、统筹性的整理,也缺少针对现实保护问题的专门性法律解决机制。这就要求各级立法主体提高立法的专业技巧,在法律制定时兼顾宏观统筹和多维立体,具体来说,非物质文化遗产的立法不仅需要从整体和系统角度设定原则性条款,对非物质文化遗产的保护工作进行总体规划;而且应当制定明确的执行规则,使法律条款真正具有实操性。当然,这不可能通过一部法律就完成,而是需要在实践中根据具体情况制定不同位阶和侧重的法律法规,形成立体化、多层次的法律保障体系。

第三节　非物质文化遗产法律保护的不足与完善

一、当前非物质文化遗产法律保护的不足

依据前节对我国非物质文化遗产立法的分析,能够看出我国非物质文化遗产的法律保护还存在一些不尽如人意的地方。尽管我国目前将《非物质文化遗产法》作为核心,连通其他具体法律法规,构建了一个相对完整的非物质文化遗产法律保障体系,但是在实践中仍然存在一定的问题。

(一)非物质文化遗产立法存在的不足

1.《非物质文化遗产法》的立法不足

第一,《非物质文化遗产法》并没有清晰地规范非物质文化遗产的权属问题。非物质文化遗产的复杂属性使其存在公权利和私权利的双重性质,对于这一双重性质的界定,《非物质文化遗产法》并没有给出明确答案,这为权利的分割与位阶的认定带来了较大困扰。也正是法律这种模糊不清的态度,导致了法学界和实务界对非物质文化遗产保护模式的分歧。

第二,《非物质文化遗产法》在传承人的范围上也存在问题。该法律明确了获得代表性传承人资格的法定条件,但就我国当前已公布的三个批次的传承人名单来看,我国实际上对传承人的认定显得太过笼统和宽泛。这种"大包大揽"式的保护范围,并不会如很多人期望的一样,达到全面保护的效果,相反,其甚至会对保护具体传承人产生反作用。另外,对于某些集体传承项目来说,如传统节日(属于民俗类非物质文化遗产)及其庆典、传统祭祀活动等,必然不可能将之传承认定为某个体,或者说即使指定或选择某个体作为集体传承项目的代表也难以获得广大人民群众的认可,甚至还可能会伤害民族感情。

第三,《非物质文化遗产法》对责任的规定模糊不清。《非物质文化遗产法》第40条规定:"违反本法规定,破坏属于非物质文化遗产组成部分的实物和场所的,依法承担民事责任。"尽管该法条规定了违反者需要承担民事责任,但具体的责任主体并未明确指出,如是具有非物质文化遗产保障职责的国家机构承担,还是非物质文化遗产的传承人承担责任?这应该是下一步对《非物质文

化遗产法》进行相关法律解释或修正过程中加以确定的内容。

2.地方立法尚需完善

尽管在《非物质文化遗产法》正式实施前后,很多地方政府纷纷根据国家对非物质文化遗产的法律和政策方向制定了一系列地方性法律文件。但是,直至现在,仍然存在一些省份没有制定能够呼应《非物质文化遗产法》的地方性法律法规。《非物质文化遗产法》作为非物质文化遗产保护的基本法,其为了涵盖更为广泛的保护对象,其必然具有普适性和抽象性的特点,是一种宏观性质的保护。地方立法应当加强配合,毕竟对具体非物质文化遗产的细化性保护还是需要依赖地方性法律法规,也因此,当前地方立法的不完善使国家对非物质文化遗产保护立法体系的建设受到了妨害。

而且,即使是已经存在的地方立法,也并非没有问题。一方面,地方立法的公众参与性较低,缺乏广泛的社会反馈和建议。另一方面,地方立法出现了简单"移植"的问题,没有遵循地方非物质文化保护遗产的特殊性。事实上,地方立法实际上是根据现实保护需要对《非物质文化遗产法》的细化,但目前的地方立法,很多仍停留在表面的宣示性规定上,脱离了非物质文化遗产本土资源的特色和需求,导致立法倾向模糊,实践性不强。

(二)非物质文化遗产实际保护中存在的不足

1.商业开发对保护效果的影响

尽管《关于加强我国非物质文化遗产保护工作的意见》提出了"保护为主、抢救第一、合理利用、传承发展"的非物质文化遗产保护方针,但实际上非物质文化遗产的保护与商业开发往往"纠缠"在一起,而由于商业开发必然涉及营利问题,利益的追求容易使人们忽略"保护"这一核心问题,片面地追求经济效益,继而导致过度开发,使非物质文化遗产遭到破坏。

2.相关法律法规的实施不理想

《非物质文化遗产法》及相关地方性法律法规,从颁布至今,执行效果始终不甚理想,非物质文化遗产受到损害的事情并不鲜见,但实际通过法律予以保护的案例却相对稀少。

3.非物质文化遗产传承存在困难

一方面,非物质文化遗产自身的民间性质,使其缺乏系统性、理论性的传承体系,很多都是口耳相传,这不仅限制了传播范围、增加了学习困难,而且很容易导致非物质文化遗产的断代与丢失。

另一方面,在经济压力与文化冲击的影响下,当代年轻人对非物质文化遗产的学习兴趣不高,使非物质文化遗产"传无可传"。当前,对传承人的激励政策并不完善。传承人制度不仅在立法上存在规定模糊的问题,在现实操作中也难以落实和推进。

4.政府的非物质文化遗产保护工作存在问题

第一,部分政府的非物质文化遗产保护工作存在"面子工程""政绩工程"之风。在国家将非物质文化遗产保护工作作为考察政府工作的一项内容后,很多政府对非物质文化遗产的保护变成了对外展示的"面子工程"或"政绩工程"。

第二,政府对非物质文化遗产的保护力度控制不好。有的政府存在过度干涉、大包大揽、"越俎代庖"等情况,保护工作由政府独自承担,将非物质文化遗产传承人边缘化,也忽视了人民群众对传统文化的传承力量,使非物质文化遗产脱离了原本的生存环境,保护工作陷入孤立境地。而有的政府则相反,对非物质文化遗产毫不上心,保护工作流于形式,使非物质文化遗产的保护工作缺乏宏观性的引导和统筹。

第三,政府的财政支持和物质投入不均衡。就当前地方政府对非物质文化遗产保护的财、物支撑来看,政府更倾向于将财力、物力投向获得较高关注度、能够创造较大经济价值的非物质文化遗产,而对其他非物质文化遗产的支持力度相对较小。

二、非物质文化遗产法律保护的完善

(一)加强非物质文化遗产保护的单项法立法

中共中央办公厅、国务院办公厅印发的《关于进一步加强我国非物质文化遗产保护工作的意见》,明确了各地法律保护的非物质文化遗产边界并进行了统筹,为地方性法规、规章等的完善做出了规范。

尽管《非物质文化遗产法》为我国非物质文化遗产提供了法律依据,但因为每项非物质文化遗产都有其各自的特殊性,所以保护方式也需要依照其特殊性有所细化。例如,《通辽市蒙古族音乐类非物质文化遗产保护条例》中详细规定了音乐类非物质文化遗产的保存可以通过五线谱、简谱、照片、书籍、电子文档等多种形式。这种详细、具体的保护方式满足了非物质文化遗产的地域特性需要,值得在全国范围内推广。

(二)注重非物质文化遗产立法的综合性

1.单独立法应注意衔接知识产权

非物质文化遗产的单独立法与知识产权的衔接至关重要。每项非物质文化遗产都有其对应的知识产权,涉及非物质文化遗产发源地及传承的族群或传承人个体的合法权益。因此,单独立法建立事先知情同意制度和利益分享制度十分必要。

非物质文化遗产属于来源群体的人民群众,有群体性、整体性、地域性特点,该产生地的全体人民对非物质文化遗产享有使用权利,因此,权属于群体的每一个人,来源地以外的个人或集体使用,需要产生地人民事先知情并同意,才能得到利益分享的权利。①

2.单独立法应当统合多重要素

当前,非物质文化遗产的保护与利用通常是同步进行。所以,在单独立法中应当在充分考虑现实工作机制的基础上,以保护为核心,加强对区域内各要素串联开发的合理规制,从立法的角度兼顾文化保护与经济开发,注重具体非物质文化遗产保护之间的关联性和综合性。

例如,单独立法可以将非物质文化遗产与地方旅游业发展规划衔接,促进经济效益和文化影响力的提升。继而,在经济和文化的带动下,提高当地人民群众对非物质文化遗产的关注,激发其文化认同感和自豪感,自觉参与到保护工作中来,打通人民群众和非物质文化遗产保护工作之间壁垒,将非物质文化遗产置于更为宏大的保护网络之中。

3.从整体上确立文化保护机制

非物质文化遗产是传统文化的载体,因而,立法时应注重从文化整体的角度出发,建立本区域内的综合文化保护机制。政府可以通过相关法规积极推动学校成为非物质文化遗产研究基地,借助学校的科研能力、专业素养和师生的创意思维,挖掘非物质文化的历史、文化和美学意义。尤其是重视青年学生群体的作用,他们能够利用自身开放的思想和前沿的视角,将非物质文化遗产与时代特点相结合,创新开发出多种形式的非物质文化遗产衍生产品。

---

① 张迪.非物质文化遗产多元化法律保护研究[J].法制博览,2023(4):51-53.

此外,对于博物馆的非物质文化遗产保护,应该有专门的法律规定。① 21世纪后,博物馆功能和保护范围的丰富与扩张,使其价值在文明传承方面愈发凸显。非物质文化遗产也逐渐成为博物馆的保护对象,博物馆则由此成为保护和传承非物质文化遗产的重要角色。博物馆可谓集聚人类文明的珍宝库,具有文明守护者和传播者地位,其参与非物质文化遗产的保护是其重要责任。

(三)通过单项立法保障公民参与的合法途径

非物质文化遗产事实上是人类运用创新思维进行文化创造的结晶。从这个意义上说,保护非物质文化遗产也是保护人类在历史实践中迸发并流传下来的创新精神。

1.保护非物质文化遗产的自然传承路径

单项立法应明确对支持双重传承,尤其是自然传承的激励制度。非物质文化遗产的最初、最自然的传承形式是当地人民自觉、自发地保护与传承活动。自然传承不仅能够体现非物质文化遗产的历史向度,而且可以相对完整地保存遗产所处的地域文化环境。

第一,法律应当为家庭传承搭建规范性框架,确立其保护地位,明确保护措施及开发利用的限度,确保家庭传承能够实现科学保护、有效开发。

第二,法律应当为社会传承搭建规范性框架,建立以非物质文化遗产保护的社会学习机制,提升传承人及其保护遗产的社会地位和文化声望,建立非物质文化遗产领域的就业机制。

2.对专业人才和传承人的财力支持

财政投入对我国非物质文化遗产的保护具有重要的意义。因而,非物质文化遗产的单独立法应细化财政经费的使用,以保证非物质文化遗产的保护项目能够有效推进。例如,单项立法可以细化在非物质文化遗产职业培训、传承人和研究人员激励等方面的资金支持规范,对在保护、传承、宣传、创新等方面取得重大成果的单位或个人给予表彰。

3.保障公民及民间团体的参与渠道

非物质文化遗产得以产生和发展的"生命源泉"是人民群众。在单项立法

---

① 丁慧昌.非物质文化遗产保护相关法律问题及对策研究[J].法制博览,2022(10):39-41.

的过程中,立法部门必须充分认识到这一点,通过法律支持并鼓励公民及民间团体参与非物质文化遗产的保护。例如,法律法规可以规定公民及民间团体建立以传统文化或文物保护为主题的场馆,奖励非物质文化遗产相关资料的捐赠、技艺的传授等行为。此外,单项立法还有必要对非政府组织之间的联系和协作进行鼓励和保障,明确民间团体的积极作用,为非物质文化遗产保护营造良好公众的环境。

第四节 知识产权视域下的非物质文化遗产保护

一、知识产权视域下的非物质文化遗产保护相关问题

(一)非物质文化遗产保护的知识产权制度缺位

《非遗保护意见》要求"加强非物质文化遗产保护的法律法规建设,及时研究制定有关政策措施"。在此之后,有关非物质文化遗产保护制度的立法工作逐步深入,从中央出台六部法律奠定了我国非物质文化遗产保护的法律基础,到地方性法规及各级政府的行政管理,初步形成了一套自上而下的非物质文化遗产法律保护体系。

但也必须看到,国家对非物质文化遗产保护的立法主要集中在行政权的范畴,是为政府开展有关非物质文化遗产的公共管理活动提供的法律工具。对于《非遗保护意见》所提出的"加强非物质文化遗产知识产权的保护"却并没有相关的法律法规出台。知识产权作为一项具有合法垄断性的私权,与传统的债权、物权类财产权利不同,其权利主体、客体、内容、权利限制等必须由专门的知识产权法律进行规范,是一项纯粹的"法定权利"。[①]

2014年,国家版权局就发布了《民间文学艺术作品著作权保护条例(征求意见稿)》,但遗憾的是,该条例直至今日仍然没有正式施行,不能为非物质文化遗产的著作权提供现实的保障。而由于非物质文化遗产保护与知识产权之间

---

① 胡潇潇.知识产权视域下的我国非物质文化遗产传承制度论析——以湖南省为例[J].武汉理工大学学报(社会科学版),2020,33(6):79-87.

的割裂,导致传承人及传承集体的创作始终面临难以追究侵权责任的困境。通过近年来有关非物质文化遗产的知识产权案例,如乌苏里船歌、剪纸工艺等能够看出,侵权人常以公共资源为由抗辩被侵权人,而法律的模糊不仅为裁判带来了巨大压力,而且增加了维权的成本与困难。

2019年11月中共中央办公厅、国务院办公厅印发《关于强化知识产权保护的意见》,明确要"研究制定传统文化、传统知识等领域保护办法",在当今强调尊重知识产权的社会环境中,非物质文化遗产的保护必须顺应时代与社会的要求,及时弥补法律上的空缺,实现知识产权法与专门立法的有效衔接。

(二)知识产权是非遗的民事权利客体归属

知识产权保护是对一些精神产物的保护,不能将知识产权简单地归为某一项权利,其是一种综合性的权利,与人身权、财产权属于同一权利位阶。非物质文化遗产是人类创造的智力成果,是一种灿烂的文明,将其作为知识产权的保护对象是十分合理的。非物质文化遗产与知识产权在某些方面的属性相合。

首先,非遗与知识产权都具有价值性特征。非遗一般是具有历史性的文化产物,除了具有文化价值与历史价值之外,还具有经济价值。开发者可以利用非遗的部分特质进行再开发,创造出新的非遗产品,并创造新的经济收益。例如,开发者可以将一些具有地方特色的民间艺术与现代化产品相结合,创造出独具特色的新产品,这些产品流入市场后就可以创造新的经济价值。另外,享有这一产权的个体也将会得到经济收益。因此,非遗与知识产权都具有经济价值。

其次,非遗与知识产权都具有非物质性特征。知识产权是一种无形财产保护权利,是对非物质形态的智力产品的保护,人们使用知识产权一般是对承载于物质形态上的技术和手段的利用。非遗大多是一些以物质形态为依托的非物质形态的精神内涵或者文化技艺,这种精神内涵与文化技艺并不能脱离人的表达形式,需要通过人的活动进行传递。因此,非遗与知识产权都不具备物质形态,两者在表现形态上具有一致性。

最后,将非遗列入知识产权保护范围,有利于非遗的传承与发展。非遗的保护是全人类的共识,是对历史性文化的重要支持,将非遗纳入知识产权保护范围,有利于加强对开发主体私权的保护,明确非遗传承主体所享有的民事权益,有利于激发人们传承与发扬非遗的热情与积极性。

非遗传承主体依法享有精神权利和经济权利。非遗传承主体的精神权利是指这一主体有权表明自己传承人的身份,反对任何企图侵害、歪曲非遗精神的行为。非遗传承主体的经济权利是指这一主体有权利用非遗创造经济收益,且对这一与非遗相关的产品享有署名权、发表权等。非遗权利的内容与知识产权的内容有许多相似之处。因此,将知识产权制度运用到非遗权利体系的构建中,有利于建立相关制度框架,从而及时有效保护非遗主体的权益。①

二、非物质文化遗产知识产权保护的制度建议

非物质文化遗产的保护与知识产权的保护有一定程度的相似,因此我国可以充分借鉴成熟的知识产权的法律制度框架,结合我国非物质文化遗产保护的现状,构建非物质文化遗产的法律框架,不断充实和完善《非物质文化遗产法》。这一做法可以帮助非物质文化遗产的保护迅速进入正轨,但也给予了非物质文化遗产保护一定的发展空间。非物质文化遗产的保护可以在知识产权保护的框架下进行新的延伸,既可以保留非物质文化遗产的某些特质,还可以保证其严谨性与整体性。

(一)权利对象的授予

在非物质文化遗产的权利对象的授予中,应该在知识产权权利对象的基础上进行主体范围的扩大,将主体范围由个人、法人或者非法人组织扩展至群体、区域甚至民族、国家等。不同的个体或者组织等也可以成为同一项非物质文化遗产的权利人。若某项非物质文化遗产难以落实到个人或者组织时,可以授权一些非法人组织代表依法享有非物质文化遗产的相关权利,这些非法人组织代表可以进行非遗产品的再创造等,更好地传承与保护非遗。另外,国家也可以成为非物质文化遗产的权利对象。当然,非物质文化遗产的权利对象的授予应该以行政审核为主,应该规定具体的负责主体,应该将适宜的主体都纳入保护的范围,保护这些权利主体的合法权益,防止一些非权利主体利用非遗创造经济收益、侵害正当权利主体的权益。

---

① 柳福东,罗静.民法典视域下非物质文化遗产保护问题研究[J].河北科技大学学报(社会科学版),2023,23(2):95-100,110.

(二)保护方式的选择

非物质文化遗产保护制度的设计中,可以依照各类形式的非物质文化遗产的特性,借鉴与之相似的知识产权保护制度体系,结合非遗的具体情况进行制度的调整和变动。若这一类型的非物质文化遗产并没有可参考的知识产权保护类型,则可以仿照其他法律制度或者创设特殊的保护制度等实施保护。以下简要介绍非物质文化遗产保护制度与知识产权保护制度的关联。

首先,非物质文化遗产中的传统口头文学或者传统美术、书法、音乐、舞蹈、戏剧的保护与著作权法的保护内容相似,因此可以参照著作权法的相关规定进行非遗保护的制度设计。这一类型非物质文化遗产的保护既需要保护传统的非物质文化产品,还需要保护遗产继承人基于传统文化产品做出的创新成果。另外,还应该结合这一类型非物质文化遗产的特质进行邻接权的保护,如需要保护传承人的表演者权等。在规定保护期限上,应该给予这一类型非物质文化遗产无限期的保护。

其次,非物质文化遗产中的传统医药知识、实践以及手工艺技能的特征与知识产权制度体系中的专利权相似,因此可以借鉴专利权的相关制度体系进行这一类型非遗的制度设计。但专利权中比较注重产品的创造性与新颖性,非物质文化遗产保护的制度设计可以适当放宽关于这两方面的要求。这一类型的非遗中还存在一些尚未公开、没有进入公有领域的信息,这些信息的保护可以参照知识产权体系中的有关商业秘密或者反不正当竞争的规定进行设计。

再次,一些非物质文化遗产具有鲜明的地域性和民族性,这一类型非遗的保护可以参照知识产权体系中的商标权和地理标志权的相关规定进行制度设计。这一模式鼓励人们充分挖掘非遗所具有的商业价值,鼓励人们进行非遗的创新,并将这种精神财富转化为实际的经济效益,通过创造的经济效益也可以更好地保护这一非遗,还可以扩大非遗的覆盖范围,实现非遗的有效宣传。商标权的申请需要较高的费用,因此在制度设计时可以适当减少这一费用,或者可以根据需要进行费用的减免或者补贴等,减轻权利持有人的经济负担,实现非遗的保护最大化。

(三)权利内容的规定

非物质文化遗产的保护需要对遗产继承人应当享有的权利进行具体规定,

以便非遗保护的管理等。非遗权利人应当享有但不限于以下权利。

1. 登记注册权

权利人依法享有到专业机关进行登记注册的权利,即权利人可以在相关机关营业时间内进行书面登记注册,但登记注册过程中需要防止机密信息的泄露。当然不在相关机关进行登记注册的非遗也可以依法享有相应的法律权利。

2. 使用和收益权

非物质文化遗产的权利人所在的族群等也依法享有这一非遗的使用权,允许相关人员使用特定的标志等标明服务和产品的独特性。另外,除了进行特别授权或者法律另有规定的情形,其他情形下,权利人对非遗的使用及收益享有财产权。

3. 事先告知和来源地披露权

权利人之外的非物质文化遗产的使用者,需要在使用之前提前告知权利人并取得权利人的授权和国家有关主管部门的许可等。同时,在使用过程中,第三人必须清晰明确地标注出所使用非物质文化遗产(社会礼仪、习俗、节日等类非物质文化遗产除外)的来源地以及来源群体。[①]

4. 文化尊严权

人们在非物质文化遗产的继承和发扬过程中可以进行适当的修改与补充,但不能完全背离原创主体的创作意图。一些利用非物质文化遗产谋求不法利益的行为、违背公序良俗和社会道德的行为,或者超越传统习惯范围进行使用的行为都应当被禁止。任何人不能在未经权利人或者相关机关授权前进行非遗的使用,禁止任何人以任何理由、任何方式贬低、扭曲或者亵渎非物质文化遗产。非物质文化遗产权利人依法享有文化尊严权。

5. 防止剽窃权

若第三人在使用过程中了解了非物质文化遗产的机密信息,那其需要注意信息的保密,也不能以任何形式注册新的非遗权。若相关人士行为造成了机密信息的泄露或者剽窃,那权利人有权追究其民事责任。

6. 利益分享权

权利人依法享有阻止其他人使用非物质文化遗产获取商业利益的权利。

---

① 王洪涛,李山岗.知识产权视野下非物质文化遗产保护研究[J].长治学院学报,2019,36(5):66-71.

第三方唯有在获取授权后才能使用非物质文化遗产获取商业利益,因此在第三方获取商业利益的过程中,权利人也可以根据自由协商比例获取一定的经济利益。

(四)使用限制的例外

在非物质文化遗产使用中,若使用人不会对相关社群造成冒犯,且在法律允许范围内进行交流与讨论是被允许的,在以下罗列的合理目的的使用中应不施加限制:一是使用人或者群体在符合传统和惯例范围内的正常使用、交流与传播;二是基于公共目的的使用,如言语的评论或者新闻报道的使用;非商业的私人学习性质的使用;司法程序中的使用;教育或者研究活动中的使用;非商业目的,用于记录的档案中的内容使用等。

尽管在以上情形中可以进行合理使用,但也需要掌握一定的限度,若超过这一限度,其使用权将会被剥夺。

第五节 非物质文化遗产法律保护实例分析

一、黑龙江省非物质文化遗产法律保护实例

(一)黑龙江省非物质文化遗产保护的法律困境

我国在正式施行《非物质文化遗产保护法》后,黑龙江省就迅速响应号召,结合当地非物质文化遗产的现状出台了一系列的法规条例。但不可否认的是,黑龙江省的非遗法律保护方面仍不完备,对其法律保护的对象、权利义务主体、保护工作的内容和措施都没有明确的法律规定,缺少具体性、细致性的依据,执法人员和行政工作人员在保护非遗资源过程中,遇到了重重阻碍,无法有效开展具体工作,使该省的非遗资源保护工作落后于当今的保护趋势。[1]

随着时代的变化和科学技术的发展,黑龙江省的文化生态遭受了巨大的冲

---

① 李娜.黑龙江省非物质文化遗产法律保护问题研究[J].黑河学院学报,2019,10(4):45-46,154.

击,许多非物质文化遗产面临着生存艰难的困局。如,一些依靠口口相传的非物质文化遗产已经在时代更迭中消失;部分非遗项目并没有合适的继承人,濒临消亡;一些人并没有意识到非遗保护的重要性,导致大量具有历史、文化价值的珍贵物件与资料流失;部分人随意滥用、过度开发非遗产品等。因此,黑龙江省建立非物质文化遗产保护的法律体系已经刻不容缓。

(二)黑龙江省非物质文化遗产保护的法律建设

相关机构需要以我国颁布的重要法律文件为根基,结合当地的现实状况,架构属于自身的非物质文化遗产保护思路,建设相应的法律保护体系,保证非物质文化遗产保护工作的顺利有效进行。各个相关机构应该立刻做出行动,而不是互相推诿责任,拖慢工作进程。

非物质文化遗产是我国先人重要的智慧结晶,是需要进行细心照料和精心呵护的,且其一旦消亡或者消失,将永远无法恢复或再生,因此人们应该认识到非物质文化遗产保护的重要性,应该提升非遗保护意识。大众应该认真挖掘相关的非物质文化遗产,并进行适当的保护,建立相关的保护生态,丰富我国的文化生态。

非物质文化遗产的保护不应该只停留在学术化的诉求上,还应该转化为具体的实际调查,要鼓励更多学者和群众发现更多非物质文化遗产,做好非遗保护项目的推进工作。非物质文化遗产保护工作者不应该只在学校中进行学术研究,应该深入民间去探索、挖掘更多非物质文化遗产,要尊重民间的首创精神,将更多民族的文化进行学术化梳理,将地域性文化纳入相应的学术框架等。另外,黑龙江省相关工作者还需要进行非物质文化遗产保护工作的宣传和普及,要让更多民众意识到这一工作的重要性,并逐渐养成保护民间智慧和地方性知识的意识,有效落实各项非遗保护的制度和措施,推进非遗保护工作的进行。

二、云南省非物质文化遗产法律保护实例

云南省拥有丰富的非物质文化遗产,因此该省是率先推进非物质文化遗产保护工作的地方。该省在2000年就已经制定实施了《云南省民族民间传统文化保护条例》,开创了我国保护非物质文化遗产的先例。

随着我国对非物质文化遗产保护工作的重视度提升,云南省又在2013年

出台了《云南省非物质文化遗产保护条例》。该条例分为总则、保护名录、传承与传播、区域性整体保护、保障措施、法律责任和附则等7章46条。[①]

2021年,我国持续推进非物质文化遗产保护工作,并出台了《关于进一步加强非物质文化遗产保护工作的意见》。云南省也积极响应相关政策,研究制定了《云南省非物质文化遗产保护专项资金管理办法》,并于2023年5月正式实施。云南省在推进相关工作时做出了多方面的努力,如部分市、县还根据自身文化现状出台了适宜的非遗保护规范或者条例等。云南省的非遗保护工作已经取得了卓越的成效,各个市、县也已经获得了相应的保护成果,是我国进行非物质文化遗产保护表现比较突出的省份。

三、西藏自治区非物质文化遗产法律保护实例

西藏自治区也出台了一系列非物质文化遗产保护的法律法规和政策措施,明确了政府以及个体在非遗保护方面的具体职责,梳理了非遗保护项目的具体流程等,为非遗保护工作的稳步开展奠定了重要基础。

西藏自治区实施的是民族区域自治制度,因此其立法工作也是基于自身运行体系所推进的。西藏自治区已经意识到非遗保护工作的重要性,并在其地域内实施了相关政策与法规。

早在20世纪90年代初,西藏自治区已经开始关注民族传统文化的保护,并为了保护传统民族文化颁布了《文物保护管理体例》《寺庙文物管理暂行条例》等,有效阻止了部分传统民族文化的消亡。

我国颁布《中华人民共和国非物质文化遗产法》后,西藏自治区随即开始实施非物质文化遗产的保护工作,颁布了适宜的法律条款等。

西藏自治区在传统文化保护的基础上,结合非物质文化遗产保护的相关法律制定了适合当地的非遗保护政策,并充分借鉴了其他地区的立法经验和做法,实行了初步调查、起草条款、梳理修改、完善补充等立法步骤,最终在2014年正式颁布了《西藏自治区实施〈中华人民共和国非物质文化遗产法〉办法》。这是西藏自治区颁布的第一部完整的非物质文化遗产保护地方行政法规,也标志着西藏自治区非物质文化遗产正式进入法律保护的新阶段。西藏自治区十

---

① 赵诗杨.云贵两省非物质文化遗产法律保护比较研究[J].贵州民族研究,2019,40(9):26-33.

分关注非物质文化遗产保护具体工作的实施状况,开始挖掘不同的地域性和民族性文化。

之后的几年中,西藏自治区开始不断完善相应的法律保护体系,并对非物质文化遗产传承人的认定与管理等做了详细规定。另外,国家开始重视其他文化与自然遗产、非物质文化遗产的关系,开始鼓励人们挖掘文化之间的内在联系,希望大众关注事物的动态联系性,并提出要综合运用多种手段进行非遗保护。国家新论点的提出为我国文化遗产保护工作提供了全新的理论视角,西藏自治区也开始以全新的角度诠释非遗保护工作,进一步健全和完善相应的法律保护体系。

西藏自治区拥有多样的文化类型,因此在实施保护工作时需要兼顾所有的文化类型,不能只保护单一的文化;另外还需要做好文化遗产的完整性保存,要保留其所有的文化特质,实施系统性管理。因此,西藏自治区应该成立综合性的非物质文化遗产保护管理部门,要对所有工作的开展进行系统性调控,保证所有非遗保护工作的顺利开展。

2020年,西藏自治区还颁布了《民族团结进步模范区创建条例》,对保护民族优秀传统文化也做出了具体的规定,又一次创新了文化遗产保护系统范围。西藏自治区在实施各种条例和法规的过程中开始不断探索新的非遗保护措施,在创新性的系统化管理方面,迈出了非遗保护工作的重要一步。

西藏自治区在开展非遗保护工作中以《中华人民共和国宪法》《中华人民共和国立法法》及《中华人民共和国非物质文化遗产法》为重要依托,建设了相应的非遗法规制度体系。特别是《西藏自治区非物质文化遗产项目代表性传承人认定与管理办法(试行)》所确立的"政府主导、社会参与"原则,是依据西藏非物质文化遗产保护现状,立足于充分发挥政府公共管理和服务职能的定位,注重保护模式的科学性以及保护措施的有效性,在经费投入、队伍建设、项目保护单位和代表传承人的动态管理、传播和生产性保护方面,就非物质文化遗产的保存和保护、传承和利用做出详细规定,突出了法规的操作性,保护手段彰显了民族特色非物质文化遗产的性质和"活"的特质。①

---

① 穆赤·云登嘉措,张静.西藏非物质文化遗产法律保护的路径研究[J].西藏研究,2023(1):127-132,159.

四、贵州省非物质文化遗产法律保护实例

贵州省也早就关注到民族文化保护的重要性,并在 2003 年出台了《贵州省民族民间传统文化保护条例》,创造性地提出了一些新规定,实现了文化保护的创新性发展。

贵州省在 2012 年通过了《贵州省非物质文化遗产保护条例》,详细阐述了非物质文化遗产的调查现状、非物质文化遗产的主要继承人及主要负责项目、重要的文化生态保护区、非遗的传播与利用途径、权利保障以及法律责任等。这一保护条例是对贵州省非遗项目的整体调控,也是非遗保护工作开展的基础。

贵州省在 2014 年颁布实施了多种非物质文化遗产保护相关的规划与管理办法,高度重视非遗保护工作的开展,并成立了专门的非遗工作开展小组,实施并督促相关工作的开展。

2015 年,贵州省开始关注传统村落文化的保护,并出台了《关于加强传统村落保护发展的指导意见》。部分市和县根据当地的非遗项目制定了专门的保护条例,如《三都水族自治县水书文化保护条例》《黔东南州民族文化保护条例》等。

第六章 非物质文化遗产数字化保护与发展创新研究

信息技术的发展给非物质文化遗产保护工作带来了发展的机遇,促使非物质文化遗产保护工作向着数字化方向发展。本章主要分析与探讨非物质文化遗产数字化保护与发展创新问题。

第一节 非物质文化遗产数字化保护概述

一、数字化与文化遗产的数字化

(一)界定数字化

数字化是指利用计算机技术,将各种不同的信号都转化为数字信号,或把不同的信息转变为数字编码等,用于传输与处理的过程。传统的信息传输比较费时费力,信息的载体也多种多样,不能实现快速传输,而数字信号传输速度快、容量大、保密性较好,具有许多传统信息传输没有的优势,因此数字信号传输已经成为当下时代的发展重点。随着计算机的发展,各种数字编码、数字压缩、数字调制与解调的信息技术层出不穷,这些信息技术通常被称为数字化技术,这些数字化技术开始渗透于我们生活的方方面面。

(二)数字化技术的重要性分析

(1)数字化技术是支撑数字计算机的重要技术,计算机的运行与使用离不开各种数字化技术。

(2)数字化技术是多媒体技术的基础。文字、图像、语言和可视世界的各种信息都可以进行数字化转化,都可以利用数字化技术进行表示,一般用0和1表示,这些数字表示也是形成多媒体展示的重要基础。

(3)数字化技术可以实现信息的多样化处理。如图像一般具有比较大的数据量,其所占据的信息空间也比较大,而经过数字化技术的处理后,其可以将数据量压缩至原来的1/10甚至1/100等,可以大大缩小信息的存储量;或者图像如果受到干扰变得模糊后,可以通过滤波技术将其变得更加清晰等。这些处理技术都是重要的数字化技术,可以帮助人们实现信息的多样化处理。

(4)数字化还是信息社会的重要基础。在时代的巨变下,我们已经迈入了信息社会,也正在经历着一场范围广泛的产品革命,我们的日常生活中已经离不开各种电器设备、信息处理设备等,这些信息设备就是数字化变革的重要成果。例如,数字影视、数字广播等,通信网络也是基于各种数字化技术搭建的,已经成为我们日常生活中的重要部分。

(三)界定文化遗产的数字化

文化遗产的数字化是指通过最新的数字图像技术、虚拟现实技术、互联网等技术的综合运用,将文化遗产进行整理、归类,并通过数字化技术记录、编辑、管理和再现这些文物,使人们能够在不动用文物实物的情况下,通过网络和计算机清晰地、全方位地参观和感受文物,能够不受时间与空间的限制,超越国界与文化差异,感受到与观看实物极相近的感官体验。

二、非物质文化遗产数字化

其实,无论是物质文化遗产还是非物质文化遗产,其数字化所基于的技术和数字化的最终目的都是一致的。因此,笔者在此所阐述的文化遗产的数字化概念同样适用于非物质文化遗产。只不过在非物质文化遗产数字化的过程中,应该更加关注非物质文化遗产这一数据本身,应该将重点放在文化遗产上,而不是更加注重数字化的工具和方法。如果过度热衷技术,那非物质文化遗产的数字化就失去了其自身价值。当然在这一过程中也不能忽视数字化技术,应该将非物质文化遗产与数字化进行有效结合,按照特定的比例进行相应的研究。

总之,数字技术的发展为非物质文化遗产的保护提供了新的发展方向,可以更加完整地保护相应的非遗项目,但也要注意数字技术可能带来的负面影响,要准确把握非物质文化遗产数字化方式的运用。

三、非物质文化遗产数字化保护原则

(一)规范化保护原则

随着我国对非物质文化遗产的重视程度的提升,我国已经保存了大量的包括文字、音频、视频等非物质文化遗产数字化信息。但各个不同地域的发展水平不同,规范和标准不同,所产生的数字信息经常不兼容,也容易导致信息孤岛现象的出现。因此,在非物质文化遗产数字化保护过程中,应该借鉴数据研究的相关成果,不断应用新式的档案学的数据管理方法,设计简便的收集、整理、鉴定、保管相关信息的规范化体系,引导非物质文化遗产数字化信息从无序走向有序,减少人为主观因素对非物质文化遗产数字化保护的影响,实现非物质文化遗产信息的档案化管理和数字化应用,提高全国非物质文化遗产数字化保护的效果。

(二)平台化保护原则

我国非物质文化遗产数字化保护工作已经取得了相应的成果,且各个地域已经形成了规范化的数字化管理体系。但不同的地域所应用的数字化管理体系或者方法并不相同,并没有进行数据体系、保存方式与映射关系等要素的相对统一,因此各个地域的部分保护项目没有实现互通,无法实现高度集中式管理。所以,我国非物质文化遗产数字化保护应该建立更加正规的保护标准、保护方式与保护技术,要建设相应的融合式的规范化数字平台,并进行非物质文化遗产的统一化管理,保障其保护机制的顺利对接与有效运行等。

(三)风险最小化原则

数字化技术的普及与应用加快了各种信息的传播速度,实现了各个地域信息的互通互联,但也存在着一定的网络维权风险。在此时代发展背景之下,我国应该积极采取各种有效措施,尽量降低网络维权风险。一方面,我国可以加快非物质文化遗产数字化产权相关制度的建设速度,不断推进相应的规范和条例的颁布;另一方面,我国可以建设统一的非遗数字化保护通道,加快全国非遗数字库建设速度,不断应用新的数字化技术,为非物质文化遗产数字化保护与传承提供更加有利的技术环境。

(四)集成化保护原则

随着中国经济社会的快速发展,急需新的保护理念和保护技术来应对非物质文化遗产数字化保护机制所面临的冲击与挑战。就现状而言,现有的研究还局限于较为狭窄的本专业领域空间内,对非物质文化遗产数字化应用的研究较为少见。[①] 为此,应以档案学的成熟理论为基础,将研究视野放大,确立非物质文化遗产的文化符号系统、文化结构系统和文化价值系统,结合全球数字化应用的发展趋势,选择并集成虚拟现实、数据管理与分发等高新技术,创新非物质文化遗产数字化保护机制的应用方式与实现途径,建立基于我国非物质文化遗产特性的集成技术标准和集成管理流程。

(五)社会化保护原则

面对社会公众对精神文化需求的日益增长,传统的非物质文化遗产数字化保护方式已不能完全满足社会需要,突破性运用文化资源保护技术,加强非物质文化遗产生产性保护,实现非物质文化遗产的社会价值和经济价值已是当务之急。为此,应结合文物、民俗、宗教等各类典型非物质文化遗产的实际情况,针对非物质文化遗产向多样化、个性化发展的趋势,以构建符合社会需求的非物质文化遗产数字化保护机制集成示范项目为举措,促进社会公众通过文化馆、图书馆、博物馆等公共文化平台享受到非物质文化遗产数字化保护机制的各类成果。

四、非物质文化遗产数字化保护的风险

(一)本真性风险

非物质文化遗产中的"本真性"是指希望在开展保护工作中可以真实直观地再现非遗的原始场面,但这一情况并不客观,也不可能在现实生活中实现。所以,非遗数字化保护应该打破这一不切实际的幻想。

数字化空间作为一种符号化的图像和信息存储库,它只是各种信息转化的

[①] 卢杰,李昱,项佳佳.非物质文化遗产濒危评价及数字化保护研究[M].武汉:华中科技大学出版社,2018:119.

中转站,必然会带有不同作用主体的主观意识。这一信息中转站储存的是数字化的符号,也是现实的文化符号的抽象化的表达,是一种经过抽象和编码形成的新的符号形态。因此,这一信息转换过程必然带有创造性,必然带有创造主体的主观意识。所以,非遗数字化保护工作并不是通过数字技术进行非遗本真形态的再现,而是非遗再生产的过程。

这一再生产的过程无法忽略传承人的生产活动,无法忽略传承人的主观意识。在非物质文化遗产的保护工作中,每一个文化项目都有对应的传承人,这些项目因为传承人赋予意义才有价值;所以,非物质文化遗产数字化保护工作必然带有传承人的主体性,不可能实现非遗项目的真实再现。只有将传承人与所传承的非遗项目相联系,让传承人以自己的文化逻辑进行数字化、符号化的表达,数字化保护才具有最大价值与意义,才能实现非物质文化遗产与传承人的共生。

(二)语义风险

非物质文化遗产中一种重要的文化传承方式为"口传、身授",传承人在前辈的语义传达中获取所需的信息,因此非物质文化遗产数字化保护还存在语义风险。这种语义一般具有显著的地方性特征,因为传承人生活在特定的社会群体中,这一群体中有自身的文化符号,且这些文化符号具有特定的社会文化意义,这些文化符号还是地方社会文化体系中的重要组成部分,无法忽略。在非遗数字化保护中,这些语义表达也具有特殊性,是十分关键的保护环节。唯有完整保存这一语言表达,才可能保留这一非遗项目的社会文化意义,才可能保证这一文化符号能被所属社群理解。这一保护过程十分复杂,存在着语义风险。

(三)分类与评价风险

在非物质文化遗产数字化保护中,设计者与学者往往会以自己的理解来阐述非物质文化遗产,他们掌握着知识和技术的主导权,在数字化保护中逐渐形成了话语霸权。学者与设计者以自身的学识与技术认识这些文化,容易忽视传承人和文化共享群体的地方性认知特点,容易造成非遗保护的片面性,进而造成非遗数字化保护分类与评价出现谬误。因此,非遗数字化保护还存在分类与评价风险。

传承人对非遗的认识与评价是基于自己的文化逻辑和生活经验所得出的,因此其认识带有地方性,带有社会群体性,可以反映出非遗对所属群体的真正价值与意义。在非遗保护中不应该忽视这一重要元素,应该围绕这一特性进行保护策略的设计。因此非遗数字化保护中除了要注重学院式的、主流话语的分类与评价,也要注重传承人基于自身生活经验对非遗做出的分类与评价。

(四)制度风险

非物质文化遗产的数字化保护活动需要多主体共同参与,不同主体在这一活动中可能有不同的想法,因此非遗数字化保护还需要多个主体进行积极沟通,不断协商出最佳保护方案。非物质文化遗产的数字产品常常可能因为某一主体的参与而改变其文化意义,因此在保护活动中必须对不同主体的权限做出界定,要充分尊重传承人的意愿,赋予传承人充分的话语权,保证非遗数字化保护的原生态,维护传承人与非遗的共生关系。

(五)效益风险

非物质文化遗产数字化保护既包括数字化产品的生产过程,也包括数字化产品的消费过程,因此其风险还可能出现在数字化产品消费过程中。在非遗数字化的转换过程中,相关的措施必然会影响文化消费者的文化认知和文化行为等,也可能会导致一定的社会文化效应。

但当前的数据库建设和数字化应用并没有重视这一社会文化效应,更没有围绕着这一效应采取相应的措施,因此非遗数字化保护中潜藏着效益风险。首先,研究者们没有对数字产品的消费群体进行科学分类,没有做好市场的充分调研。其次,研究者没有根据不同社会群体类型进行数字产品的分类设计等。基于这一现实情况可以预见,数字化产品的消费情况可能不容乐观,数字化保护也可能会因为缺少功能的针对性而大大降低社会文化效益。

第二节 非物质文化遗产数字化保护的优势与特点

一、非物质文化遗产数字化保护的优势

(一)从文化的角度来看

1.能延续民族"文化基因"

非物质文化遗产是无数先人智慧的结晶,也是一个民族重要的"文化基因",它的延续对整个民族乃至国家的文化发展具有重要意义,是一个民族灵魂的重要组成。然而,现代化进程的加快、科学技术的飞速发展给非物质文化遗产的生存与发展带来巨大的冲击,非物质文化遗产面临着严峻的生存挑战。这一冲击主要表现为:第一,非物质文化遗产所在的文化环境出现了变化,一些相关的物品与习俗等开始淡出人们的视野;第二,网络的进步让青年人开始接触更多外来文化,这些外来文化占据了青年人的生活,因此人们忽视了本国的非遗等。所以,非遗数字化保护是时代发展下的必然产物,是一种较新型的文化保护方法,可以让非遗走进更多青年人的视野,也可以保证非遗以最为合适的形式保存下来。

2.培养群众文化向心力

非物质文化遗产具有区域性的文化特点,是当地人民群众在生活和劳动过程中总结出来的一种表达形式,可以通过说唱、运动和表演等多种方式进行。[①]非遗具有一定的地域性,是当地人民群众最熟悉的文化形式,因此通过非遗保护活动可以凝聚当地群众力量,培养当地人民的文化自信,提升人民群众的文化趣味,增强人民群众的文化凝聚力。在多元化的文化背景下,非物质文化遗产的数字化保护可以引起更多群众的关注,可以培养群众的文化向心力,实现传统文化的现代化发展。

3.树立区域文化品牌

文化是一个民族重要的根基,是一个地域发展的深层内核。非物质文化遗

---

① 汪淳.非物质文化遗产的数字化保护[J].中国民族博览,2020(9):73-74.

产是文化的重要组成部分,非遗的保护就是保留一个地域的特色文化,打造专属这一地域的文化名片,让这一地域具有文化底蕴,提升这一地域的影响力。另外,非物质文化遗产的保护可以利用地域的文化特色打造专属的文化品牌,形成文化集聚效应,实现文化的产业化发展,以更好地保护和传承非遗。

(二)从产业发展的角度来看

非物质文化遗产的数字化保护主要是将传统文化进行数字化转换,要将非物质文化遗产的内容进行高新科技手段的包装,在坚持原生态的基础上进行数字化再创造。在非遗数字化保护中,传统的文化开始以全新的形象出现在公众面前,开始吸引更多人的关注,还设计出了更多具备市场消费特性的文化产品,提升了非遗的经济价值。因此,这一数字化转换不仅可以让非遗得到有效保护,还可以实现产业化的增值。

(三)从非物质文化遗产保护的角度来看

1.有利于保护非物质文化遗产资料的完整性

非物质文化遗产是人类所有灿烂文化凝聚而成,内容丰富、形式多样,对人类的发展与进步具有重要作用。因此,人们应该重视非遗的保护,要不断采取多样的措施实施保护。

但非遗保护并不是一项简单的工作,其保护难度比较大,涉及内容也比较多,是一项庞大而复杂的任务。我国有五千年的历史,在历史中产生了许多瑰宝,但随着时代的发展,这些文化瑰宝已经逐渐消失于人们的视野,任由这一趋势发展下去,我们将失去许多重要的文化宝藏。随着数字化时代的到来,人们的思维模式与工作模式已经发生了翻天覆地的变化,将数字化手段应用于非物质文化遗产保护工作可以有效促进相应工作的开展。比如,非遗的传承人可以主动利用数字化手段进行非遗的传播,大力宣扬相关文化,吸引更多年轻人了解、喜爱、传承这一特色文化;专业研究人员也可以通过先进的计算机和网络技术等发掘更多非遗项目,保证我国非遗的完整性等。

2.有利于提高非物质文化遗产的动态管理

非物质文化遗产有着古老的文化形态,能彰显文化生命力。中国非物质文化遗产形式多种多样,同时在不同的历史长河中它也获得了不错的传承与发展。今天,不少人都十分重视非物质文化遗产,并自觉促进它的发展。非物质文化遗产并非静止不动的,它具有明显的动态性特点,而且,随着科学技术与思维理念的影响,它更是始终处于不断的变化中,获得了新发展。对非物质文化遗产的动态监控进行有效的提高,是相关单位和部门所应重视的问题之一。①由于动态管理方式的缺失,我国政府在开展非物质文化遗产管理工作时始终无法获得预期的效果。

在数字时代,这一问题得到了有效的改善,工作人员通过先进的计算机和网络技术能够实现非物质文化遗产的数字化管理。具体来说,建立了非物质文化遗产数据库,并依托数据库完成了对非物质文化遗产的动态化监控,同时也能够帮助相关工作人员对非物质文化遗产的演变过程有全面的理解和掌握,抓住历史文化的演变规律,进而使其能更好地保护非物质文化遗产。

3.有利于探索非物质文化遗产开发新思路

数字时代,多媒体信息传播的途径和方式给非物质文化遗产的传承带来了新的挑战,同时也提供了新的机遇和开发思路。例如,现在,人们对宣传和媒体信息的审阅标准不断提高,且对信息内涵的要求也不断提高,这就要求非物质文化遗产的宣传方式要不断顺应时代发展的趋势,通过传播能力更强、吸引力更高的方式来进行传播和传承。这无疑给非物质文化遗产开发提供了新思路。例如,通过电子扫描、短视频等方式将富有韵味、极具中华特色的非物质文化遗产搬到荧幕面前,给不同年龄阶段的人们更多的机会去了解非物质文化遗产,使其能在轻松的氛围中获得精神上的享受,同时,这也能扩大非物质文化遗产的影响力。

二、非物质文化遗产数字化保护的特点

(一)安全性

非物质文化遗产是一种以人为本的具有活态属性的文化遗产,人在其传承与发展中发挥着重要的作用。但是,受到各种因素的影响,不少非物质文化遗产已经处于失传的境地。将数字技术应用在非物质文化遗产保护工作中,能让工作人员较好地完成非物质文化已产出数字化收集、处理与真实记录,同时,还

---

① 吴梦龙."互联网+"时代非物质文化遗产的数字化保护与传承[J].青岛大学学报(自然科学版),2018(A1):83-85.

能使各种非物质文化遗产资源实现较好的保存与归档,这使其变得更加安全。

(二)资源共享性

在各种传承因素的限制下,以及人们对非物质文化遗产关注度下降的情况下,不少非物质文化遗产都很难在大范围内获得推广与发展,这其实极大地影响了其艺术价值的展示,也影响了其艺术魅力的彰显。将数字技术应用在非物质文化遗产保护工作中,工作人员能获得更多的非物质文化遗产处理方式,也能吸引更多人的注意力,使其自觉地参与非遗保护项目。利用数字技术还能建立非物质文化遗产数据库,从而使各种各样的非物质文化遗产实现资源共享,这能促进非物质文化遗产保护与传承工作的有效开展。

(三)便捷性

利用数字技术保护非物质文化遗产的方法多种多样,比如,建立非物质文化遗产数据库与网站,从而将更多的非物质文化遗产资源有效地共享出去。那些对非物质文化遗产感兴趣的人都可以到数据库查找资源,也能在网站上浏览资源。倘若他们对这些资源有着浓厚的兴趣,其也可以下载与保存这些内容,这就给非物质文化遗产保护工作带来了诸多便利。利用数据库与网站,工作人员可以长久保留非物质文化遗产资源。

(四)广泛性

数字技术本身就具有传播信息速度快、传播信息范围广等优势,因此,工作人员借助数字技术保护与传承非物质文化遗产,能极大地拓展传承与保护的范围,也能让人们随时了解非物质文化遗产,从而在生活中自觉地保护与传承它。

(五)互动性

网络技术和信息技术的快速发展,使人们在生活中可以更加便捷地接触非物质文化遗产,可以通过网站、手机小程序等参与到非物质文化遗产数字化保护中来,增强参与性、互动性,使非物质文化遗产得到更好的宣传和保护。[1]

---

[1] 王智民.非物质文化遗产数字化保护及其应用分析[J].文物鉴定与鉴赏,2020(23):82-84.

第三节 非物质文化遗产数字化保护的策略

一、设立数字化保护专项资金

在非物质文化遗产保护工作中,资金发挥着重要的作用,在充足资金的保障下,这一工作才能顺利开展。因此,政府应该积极行动起来,结合非物质文化遗产保护现状,设立保护专项资金,从而使得非物质文化遗产保护的资金相对充足,保证非物质文化遗产保护工作顺利开展。

首先,政府财政部门应该加大向非物质文化遗产数字保护领域的投入,并监督资金能被应用在刀刃上。文化部门则应该利用这些资金从多角度实现对非物质文化遗产的数字保护,主要是升级保护工具、吸引保护人才等。

其次,政府还应该加强与社会组织、企业等的合作,积极吸引社会资本的加入。比如,政府可以给企业提供一些发展层面上的政策优惠,从而吸引其积极参与非物质文化遗产数字化保护工作。

二、建立数字档案馆

档案馆是收集、保管档案的机构,负责接收、征集、管理档案和开展档案利用等,是重要的文化资源收藏机构与信息资源管理机构,在非物质文化遗产资源整理与现代信息技术应用方面有着丰富的经验。

数字档案馆积极参与非物质文化遗产保护工作,可以从以下两个方面入手:第一,加强对非物质文化遗产保护的研究,充分运用信息技术对馆内的非物质文化遗产资源进行数字化分析与整理,甚至可以基于这些资源建立资源数据库;第二,主动参与全国各地其他档案馆开展的非物质文化遗产保护活动,并利用数字技术对活动的全程进行记录,从而将非物质文化遗产保护工作生动地表现出来,也能完成对非物质文化遗产的真实记录,方便工作人员查询。这两种举措能进一步加快数字档案馆建设的进程,也能丰富馆藏资源,更是因为数字化资源的融入,档案馆的馆藏结构获得了优化。

三、建立非物质文化遗产网站

对非物质文化遗产进行保护和推广的重要途径就是建立非物质文化遗产

网站,通过提高网站建设的速度和提升网站服务质量,加快推进非物质文化遗产数字化保护的应用。一是通过非遗网站对非遗产品进行宣传和推广,将富有个性化的非遗产品在网站上宣传和销售,使网站成为非物质文化遗产保护和应用的重要平台。二是提升非遗网站的服务功能,通过收集开发潜在的非物质文化遗产需求群体,扩大需求人群,增加网站点击率,加大对非遗项目和非遗产品的宣传。三是通过非遗网站,实现资源共享,形成非物质文化遗产数字化保护体系。

四、开发非物质文化遗产应用软件

人类已经进入信息社会,不同类型的软件已经成为普通民众开展交流与互动的重要工具。这些软件应该进一步被丰富,从而能在非物质文化遗产保护工作中发挥作用。也就是说,政府文化部门应该与技术企业展开合作,开发非物质文化遗产应用软件,从而使其能进一步加快非物质文化遗产保护工作的开展。

目前,一些非物质文化遗产应用软件被开发了出来。比如,非物质文化遗产中国、非物质文化遗产大百科等,其成为现阶段相关工作人员开展非物质文化遗产保护工作的有力支撑,也能在非物质文化遗产产业化发展过程中发挥重要作用。工作人员应该充分利用信大数据技术、虚拟现实技术等先进的信息技术手段,全方位收集、分析与整理非物质文化遗产资源,并利用非物质文化遗产软件实现各种零散资源的整合,从而完成对资源的分门别类。这样,人们就能根据自己的需求选择非物质文化遗产资源,也能吸引他们的注意力,产生购买与非物质文化遗产相关的文创产品的欲望。因此,政府文化部门应该加强对非物质文化遗产软件开发工作的重视,在开发领域多投入资金,多引进技术人才与专业的保护人才。

工作人员充分利用应用软件来开展非物质文化遗产保护与传承工作,能为保护工作注入鲜明活力,能让其展现无穷的魅力。但也应该清楚的是,在具体开发应用软件的过程中,还是存在不少问题的,相关部门要做的就是根据问题针对性解决。一方面,社会上对非物质文化遗产保护工作感兴趣的人不多,因而相关应用软件的使用人数也就不多,这就需要政府文化部门加强应用软件的推广,进一步扩大应用软件的影响力;另一方面,可以开阔宣传视野,将非物质文化遗产应用软件与当地旅游资源软件结合起来,从而显著扩大用户规模,增强其影响力。

五、开发非物质文化遗产文创及周边产品

非物质文化遗产数字化保护工作的内容多种多样，不能将这一工作限定在利用数字技术记录、展示非遗项目，还应该重视开发与销售与之相关的文创产品。比如，相关旅游企业可以利用3D打印技术开发特色非遗文创产品，也可以在充分了解现代人实际生活需求的基础上为其提供针对性的定制产品服务，从而用高质量的服务吸引更多人关注非物质文化遗产的保护与传承工作。而销售非物质文化遗产的资金又可以被用来传承与保护非物质文化遗产，这样，在二者的相互作用下，传承与保护工作质量能获得提升。

六、培养和引进数字化技术人才

人是开展非物质文化遗产数字化保护工作的核心与关键，因此，要想确保工作的高质量开展，那么，政府相关部门就应该加强数字化技术人才的培养。具体来说，可以从以下三个方面着手。

第一，从文化单位内部来看，应该积极挖掘数字化技术人才。文化馆等文化单位的领导应该对工作人员做到清楚的了解，并确定哪些人员掌握了数字技术，且具有较强的信息操作能力。可以对这些人员加强培训，使其成为非物质文化遗产数字化保护项目的负责人。

第二，应该组织单位内部工作人员到其他单位交流与互动。文化馆等文化单位可以从馆内选拔一些优秀的人才到非物质文化遗产数字化保护工作方面做得比较好的其他单位学习与交流，学习其经验，从而提升本单位的工作质量。

第三，从外部环境来看，文化馆等文化单位还应该从外部积极引入优秀的数字化技术人才。其实，中国不少高校都开设了数字化技术专业，文化单位应该加强与高校的合作，从高校吸收更多优秀的人才，从而使其能在非物质文化遗产保护领域发挥作用。这能使这些人才"尽其用"，也能让非物质文化遗产数字化保护工作的质量获得保证。

人才始终是各领域发展的第一生产力，这对于非物质文化遗产数字化保护领域也是一样。因此，各文化单位应该形成人才培养与引入意识，利用人才来促进非物质文化遗产数字化保护工作的高质量开展。

第四节 依托信息技术的非物质文化遗产保护

一、依托信息技术的非物质文化遗产数字化保护手段

(一)非物质文化遗产的数字化获取手段

单就非物质文化遗产的数字化获取手段而言,可分为简单的数字化获取过程和较复杂的数字化获取过程。

其中简单的数字化获取过程和方法有:

二维扫描仪处理:普通的照片经过扫描仪处理后可得到数字图像。数字化得到的图像可以永久地存入电脑,不会发生褪色等变化,适合于壁画、字画等平面形状文物的数字化保护。

数码相机成像:数码相机可以更加直接地捕获真实世界中的各个静态场景,将其快速、有效地存入计算机以进行平面或三维处理,然后加以保存。这种方法适用于任何静态图像的获取。

数码摄录像机形成动画:数码摄录像机可以更直接地捕获真实世界中的各个动态场景,将其快速、有效地存入计算机以进行剪辑和研究,然后加以保存。这种方法适用于任何动态场景的获取。

非物质文化遗产保护较复杂的数字化获取方法如下:

三维扫描仪:三维扫描仪是一种可以直接读取三维信息的仪器,将三维扫描仪和电脑相连,可以将获取的数据迅速地存入电脑,从而省去了烦琐的建模过程。特别是三维激光扫描仪的出现和广泛使用,使得非物质文化遗产的数字化变得更加容易。利用激光扫描仪,可以准确获得大型场景的完整的三维信息数据。它可以完整地捕获文物的细节信息,逼真再现非物质文化遗产原貌。

(二)非物质文化遗产的数字化处理过程手段

数字图像处理技术:主要是对通过二维扫描仪和数码相机获得的图片进行平面处理,以最终获得期望的平面图像效果。

全景拼图技术:全景拼图就是研究如何从手持相机拍摄的一组照片中制作

出一张360度的全景图(Panorama),从而实现虚拟漫游,实现非物质文化遗产的数字化。在技术上,全景拼图的本质就是把不同时刻、不同朝向、同一位置拍摄的若干张有重叠的照片无缝地合成一张大图(水平方向和垂直方向),同时使缝合处的色彩或灰度均匀过渡。

数字建模技术:主要是对三维物体的数字化过程。常用三维软件有3DS MAX和MAYA等。

数字动画技术:包括动画捕捉技术、动作编辑技术、人物动画技术等。

虚拟现实技术:是一种可以创建和体验虚拟世界的计算机系统,其基本特征包括沉浸感、交互性和想象力。它融合了数字图像处理、计算机图形学、多媒体技术、传感器技术等多个信息技术分支,从而大大推进了数字化技术的发展。

虚拟展示技术:基于网络的非物质文化遗产虚拟展示。综合利用了三维展示、视频、音频、动画、图片与文字等手段,以文物的三维模型为索引,为用户提供了比普通网站更直观、更逼真的感受。用户还能对小型单件文物进行全方位的任意角度观看,就仿佛亲手拿着把玩。这是在实际展览中也无法实现的情形,可以给用户最大的自由空间去认识和了解文物。

数字集成技术:集成技术包括信息的同步技术、模型的标定技术、数据转换技术、数据管理模型、识别和合成技术等。

多媒体技术:多媒体指的是文本、图形、视频、声音等多种形态信息的集成呈现。顾名思义,多媒体意味着非单一媒体。在多媒体技术中所说的"多媒体",主要是多种形式的感知媒体。多媒体技术是利用计算机对文本、图形、图像、声音、动画、视频等多种信息进行综合处理的技术。

人工智能:是研究人类智能活动的规律,以知识为对象,研究知识的获取、知识的表达方法和知识的使用。而智能机器所执行的通常是与人类智能有关的功能,如判断、推理、证明、识别学习和问题求解等思维活动。

数字防伪技术(数字水印技术):数字水印技术是指向数字信号中嵌入少量的信息(称作水印),但不影响原始数据的使用价值,这些嵌入的信息通常是不可感知的,可以通过特定的计算操作被检测到或提取出来。水印与原始数字信号紧密结合并隐藏其中,成为原始数据不可分离的一部分。数字水印技术是数字媒体版权保护和内容完整性验证的有效手段之一。

(三)数字化保护与传播手段

数字化成果保护与传播手段也是多种多样的,因为时间和空间的不同可以划分为以下几种常用方式:电影电视、网络页面、数字出版(CD、DVD光盘)、虚拟博物馆(展览馆)、计算机辅助设计(编排)平台(软件)、网络游戏、数字化智能软件、数字图书馆等。

我们应该意识到,正是全国乃至全球视野下的文化产业的蒸蒸日上的现状,才得以保证了人类对非物质文化遗产数字化保护的热情。

二、大数据在非物质文化遗产保护中的应用

(一)大数据技术概述

大数据技术是指在大数据采集、存储、处理与应用等环节所采用的技术手段。[①] 大数据技术主要包括大数据采集、大数据存储与管理、大数据分析和大数据可视化四个方面的技术。

(二)大数据与非物质文化遗产保护的融合

1.大数据技术为非物质文化遗产保护提供技术支持

现代社会,信息化已经成为社会主要的发展趋势,因此,在非遗数字化保护领域,大数据技术等信息技术也可以融入其中。

大数据技术在非物质文化遗产保护中的应用是一种必然,这是因为它展现了以下三个方面的优势。

(1)大数据的存储功能十分强大。传承人是非物质文化遗产保护的主要载体,他们通常用文字、图片、音频与视频等方式开展保护工作。为了保证保护工作的质量,政府可以对传承人进行动态跟踪,了解其在保护工作中所做出的努力,同时还应该建立非物质文化遗产数据库,这非常有利于非物质文化遗产的长期保存。

(2)大数据始终处于更新状态中,且更新速度特别快。网络世界中的各种信息都是处于不断地更新状态中的,也就是说,人们每天都能从网络上收集各种新的数据与信息。开展非遗数字化保护工作的首要基础就是海量数据。因此,相关工作人员应该加强市场调研,了解市场对非遗保护工作的看法,同时对有价值的非遗资源进行有效挖掘,并将这些资源实时上传到非遗网站中。

---

① 程平.大数据智能风控[M].大连:东北财经大学出版社,2022:50.

(3)大数据有着极强的兼容性。大数据能显著拓展数据采集的深度与广度,能帮助工作人员从宏观层面把握数据的收集工作,也能使其在微观层面实现资源收集的全面性。

2.大数据时代非物质文化遗产效益分析

(1)社会效益分析

非物质文化遗产保护的最终目的是让珍贵的文化得以继承和发扬,这是一个国家或地区文化传承的重要内容。大数据时代为非物质文化遗产保护提供了一种创新型保护途径,文化传承的路径更多样化,文化传播也更深远,这为当地社会发展提供了充足的精神食粮,当地社会也可根据此来树立地域品牌文化,产生良好的社会效益。

(2)经济效益分析

大数据具有数据共享和迅速传播等功能,充分发挥和利用大数据技术功能,可以为偏远农村的非物质文化遗产带来可观的经济利益。[①] 非物质文化遗产通过大数据,搭上互联网+的共享经济快车道,实现经济增长方式的升级,促进文化产业结构调整。

(3)产业升级效益分析

大数据时代,数字技术与非遗保护工作的结合其实就是实现地域文化产业的发展与转型升级。而且,非遗与旅游产业也有着紧密的联系,因此,它与数字技术的结合还能促进旅游产业的进一步发展。

(三)大数据时代背景下非物质文化遗产保护策略

1.构建大数据非物质文化遗产领域官方标准

在开展非遗数字化保护工作时,工作人员应该始终以国家级的官方标准为工作原则。一般来说,这一官方标准与各种信息技术有关,主要与数据存储技术、数据处理技术等有关。

建立非遗数据标准化体系并不容易,这是一项烦琐的工作,涉及许多方面,笔者认为,应由国家建立统一的全国非物质文化遗产管理系统。国家应该充分发挥自己在非遗数字化保护工作中的作用,结合全国非遗数字化保护工作现

---

① 刘静江.基于大数据时代背景下非物质文化遗产数字化保护研究[J].梧州学院学报,2018(2):47-51.

状,建立非遗数据和数据共享细则和标准。这能促进相关部门从整体上对非遗资源进行信息化管理,也能使其完成对非遗项目开展情况的有效监督,更是使其能完成对非遗网络平台的标准化建立与管理。

2.完善非遗数据整理制度体系

基础数据是大数据最为重要的来源,因此,必须保证这些基础数据的准确性与更新的速度,这样,其才能在非遗保护工作中发挥作用。工作人员应该全面收集非遗信息,并将这些信息录入非遗数据库中,同时还要根据一定的分类标准建立信息分级目录,对每一条信息的来源情况做好标记。为了确保信息的质量,还应该建立有效的信息审批制度,通过审核的信息才能被录入到非遗数据库中。非遗数据是实时更新的,因此,工作人员还应该及时收集新信息,并将这些新信息录入到非遗数据库中,同时应该定期检查数据,以确保数据依然能发挥作用。此外,还应该确立各项数据的价值,具有极高价值的数据不能随便向其他用户开放,只能在内部开放。

为了保证数据库中各项数据信息在来源、审核、更新、使用等方面工作的有效性,必须加强保障和维护配套的系统软件、设备硬件、数据库和信息网络,建立数据的应急管理方案,充分利用网络中的专业技术力量,维持大数据平台平稳安全地运行。必须系统地建立适应非物质文化遗产数据维护的规章制度,来推动实现保护非物质文化遗产的制度化。

3.整合优化数据,提升非物质文化遗产数据价值

在大数据时代,数据价值直接受到数据容量的影响,数据的容量越大,它所包含的价值也就越高。要想提取这些数据中的价值,通常需要大数据下的各项技术支撑。在国家层面的非物质文化遗产管理体系中,储存着各类非物质文化遗产的庞大数据,要想挖掘这些数据的价值,应构建开放的数据共享平台,将这些繁杂的数据信息进行归类、整合、重组,以提高数据的使用效率。

完善各级非物质文化遗产点的信息化基础设施,构建安全可靠、技术先进、扩展性强、高速畅通网络,应按照统一、规范的标准与国家级非物质文化遗产管理系统对接。完整的非物质文化遗产数据共享平台,能够有效地对各类数据进行转换处理,达到数据共享的目的。通过数据共享的手段,实现数据的整合与升级,促进数据结构的不断优化,最大化地实现非物质文化遗产的数据价值。

三、虚拟现实技术在非物质文化遗产保护中的应用

(一) 虚拟现实技术概述

虚拟现实(Virtual Reality,VR)是一种用于认识自然、模拟自然的科学技术，其从萌芽产生到概念落地经历了一个漫长的过程。虚拟现实是以计算机技术为核心，生成与一定范围真实环境在视、听、触感等方面高度近似的数字化环境，用户借助必要的装备与数字化环境中的对象进行交互作用、相互影响，可以产生亲临对应真实环境的感受和体验。

虚拟现实与计算机信息产业的发展密切相关，随着物联网、人工智能等技术的兴起，虚拟现实迎来了新的发展前景和应用方向，非遗数字化便是虚拟现实技术新兴的应用方向之一。

一般来说，虚拟现实技术具有以下几种特点。

1.交互性

虚拟现实的交互性指的是用户通过交互设备与计算机生成的虚拟环境中的对象进行互动。计算机根据用户的行为来产生视觉、听觉、嗅觉、触觉等多维度的反馈。举例而言，在军事体验类游戏中便可以感受到虚拟现实的交互性特征，用户佩戴头盔显示器并使用多个传感器，当其被"击中"后，便能感受到设备对其施加的力，产生生理上的痛感。用户与虚拟环境是一个双向感知的过程，和谐的人机环境有赖于良好的人机交互。人机交互是虚拟现实为用户提供体验、走向应用的核心环节。

2.沉浸性

虚拟现实的沉浸性指的是用户的多重感官被计算机产生的三维立体图景所欺骗，用户从简单的观察者变为深度的体验者，沉浸在虚拟环境之中，获得了与在现实世界中同样的体验，形成了身临其境的感受。

3.想象性

虚拟现实的想象性，指用户沉浸在计算机产生的虚拟环境中，计算机与用户进行双向的互动并给予用户多维度的反馈，可以激发用户想象出超越现实的空间。[①]

---

① 李雅筝,周轩.虚拟现实技术在非物质文化遗产保护与传承中的应用[J].科教文汇,2022(16):132-134.

第六章 非物质文化遗产数字化保护与发展创新研究

(二)虚拟现实技术在非物质文化遗产保护中的具体应用

1.虚拟现实技术在江西傩文化保护中的具体应用

萍乡的傩文化是江西最具代表特色的非物质文化遗产之一,起源于殷商时期,其最具特色的是借面具进行角色转换,是一种以假面模拟表演为特征的敬神驱邪的巫术活动,包括傩祭、傩舞、傩戏以及活动中应用到的面具等工具,形成了历史积淀丰厚、原始形态古朴、文化遗存众多、文化体系完整、分布广泛等鲜明特色。

傩文化的保护主要涉及傩面具的底稿、选材、雕刻工艺及后期制作的整个过程,傩舞、傩戏主要是动态和信仰的表达,声音的设置,以及像祭祀、舞蹈用具等环境的设计。由于地区经济发展和保护资金的缺乏,直接采用虚拟现实技术中图像绘制技术和三维显示芯片等高端技术存在一定的难度,笔者认为,我们应该采用"阶梯式"发展模式,在使用相对低端技术并足够能保护好非物质文化遗产的前提下逐渐向高端技术靠近,最终实现与技术同步的发展模式。比如,在虚拟环境的建立上,可以采用虚拟现实技术早期的模型建立方法——三维软件建模和运用手绘软件将草图通过扫描等方式进行三维转换,虽然在逼真性和效率上都落后于先进技术,但相对于非物质文化的传统保护方法也是一项新的尝试。在立体声效果上,可以选购性价比较高的立体声设备或通过设置多个扬声器等方式达到近似效果;在服务项目上可以先从虚拟管理开始,运用虚拟遗址进行线路的设置、人员的疏散、整个文化遗址的开发等项目的研究。

2.虚拟现实技术在南京云锦保护中的具体应用

南京云锦凝结了中国古代丝织工艺的精华,是我国古代三大名锦之一。南京云锦的现代制作工艺大体可以分为以下几个步骤:纹样设计、原料准备、意匠绘制、挑花结本、织机织造。

目前,具备专业性水准的传统技艺数字化传承条件已经成熟,将虚拟现实技术与南京云锦相结合,借助动作捕捉和数字化分析技术,总结云锦织造的技艺规律,能让学习者在更短周期内掌握云锦织造的技术要领。

虚拟现实内容的开发主要分为三个阶段:数据采集阶段、三维建模阶段以及交互系统设计与控制阶段。在数据采集阶段,需要通过多种设备获取大花楼木织机的图像与空间信息以及使用过程中所产生的音频信息,为下一步的三维建模提供数据支撑。三维建模阶段可以分为三维静态建模与三维动态建模,其中三维静态建模需要对大花楼木织机的实体进行建模,同时还要呈现大花楼木织机所处的环境及其周围布局。三维动态建模需要描述拽花工和织工在操作大花楼木织机过程时的动作,并需要对其行为进行抽象处理。在交互系统设计与控制阶段,需要将三维建模数据导入虚拟现实开发平台,最终根据用户的需求调度出相匹配的数据与模型。

在具体应用实践中,虚拟现实通过采集大花楼木织机的影像与空间信息,实现了对织机实物的建模,保存了大花楼木织机的各项数据,为非遗的保护奠定了基础。用户通过佩戴 VR 设备,即可零距离了解大花楼木织机的构造和它整个的使用流程,体验大花楼木织机操作的复杂性以及织造产品的精美特征。交互性是虚拟现实的重要特点,用户在 VR 设备的帮助下,可以对大花楼木织机的结构进行拆分和组合,了解每个部件的结构和用途,形成巧妙的人机交互,有利于用户形成沉浸式体验,增强了非遗传承的吸引力。

四、人工智能技术在非物质文化遗产保护中的应用

(一)人工智能技术概述

人工智能技术(Artificial Intelligence,AI),从学科的角度来说,是计算机科学领域的一个分支,是主要涉及研究、设计和应用智能机器等方面的智能科学。从能力角度来说,人工智能是智能机器所执行的与人类智能有关的智能行为,包括学习、感知、思考、理解、识别等活动,是对人的意识、思维的信息过程的模拟过程。

人工智能应用的场景很多,目前主要有金融、公共安全、教育、交通、医疗、智能家居等领域,算法工程中的机器学习和深度学习承担了其发展的重要角色。机器学习是人工智能的核心,主要是设计和分析一些让计算机自动"学习"的算法,并通过已有数据建立模型,掌握某些事物规律,对未知数据进行预测和模拟等。深度学习是机器学习的高层次表达,它的特点是可以建立模拟神经元,设计神经网络模型来模仿人脑机制解释数据;它是目前计算机视觉和语音系统的主要实现方法。

人工智能技术具有自动、简便、高效、精准等数据处理和预测特点,包括三大要素:数据、算力和算法。大多数人工智能应用都要求以高质量的、大量的数据为基础,通过高效、精确的算法进行模型设计,再通过云平台或高性能个人计

算机进行模型训练,最终获得能够实现某种功能的模型用于解决实际问题。

(二)人工智能技术在非物质文化遗产保护中的具体应用

1.建模与仿真技术的应用

从历史的现场到观念的在场,人们能够在人工智能的帮助下得到实现。人工智能的建模与仿真技术已经在智能制造、智能城市、智能农业及智能医疗等诸多领域得到运用,并取得了初步的成果。人们可以通过收集数据,借助3D成像技术,对需要的对象进行扫描,形成虚拟现实的场景。

传统的虚拟现实技术主要通过图形绘制的方法完成。它是利用三维模型软件进行建模,如3DSMAX、MAYA、XSI、RHINOCWROS、LIGHTWAVE等通过手绘的方式将草图转换成三维模型。也可以从相关网站购买数据模型。每一种三维模型软件有它的长处和短处,长处是它们弥补了传统的几何绘制技术中存在的不足,能够使图像更接近于真实,可以营造出逼真的感觉。图形绘制技术是通过采样图像序列生成新视景图像的过程。首先在源场景中确定采样视点及采样方向,接着进行图像采集,并对获取的图像序列进行组织、变换,生成图像流场。在使用时,依据观察者在虚拟场景中的位置和观察方向,从图像流场中检索所需要的图像序列信息,就可以生成新视景图像。传统图形绘制技术的缺点是在图像变形、图像重构以及纹理映射方面处理起来较为复杂,尤其是在细节上的处理达不到与采样对象完全相同。为了营造源场景的效果,要借助计算机三维模型软件进行辅助设计,然而这就会加大虚拟现实模型的空间容量,占去大量的计算机存储空间,进而会影响到用户体验虚拟现实环境的效果。

当前,图像绘制技术主要是通过实时拍摄来获取模型图像,是由完全真实的图片构成的虚拟环境,能够使用户具有真实的体验。图像绘制技术不需要3D图形加速软件和复杂的图形处理软件,可以对场景进行360度的转角拍摄,不受取景对象的复杂度限制,经过后期处理拼接,就能够得到逼真的视觉全景图。缺点是当前的图像绘制技术只能用于静态场景的拍摄,对动态场景不能进行图像绘制。与此同时,它对计算机处理资源要求较高,较长的训练时间和较大存储空间,产生的图像视域效率较低。另外还需要借助技术手段处理不连续的部分和物体被遮挡的部分。所以仍然离不开图形绘制技术的辅助设计处理。

2.声音—语言—图像理解技术的应用

从传统意义上来讲,只有人类才能够对语言、声音和图像进行识别和理解,智能体不在人类精心设计的情况下是很难理解自然界中的声音、语言和图像的。① 人工智能的出现将进一步提升智能体对声音—语言—图像的理解。在机器深度学习条件下,它们之间可以实现转换。因为它们存在的基础可以用符号来表示,符号可以用来表达意义,通过电脑编程可以将符号转化成数据信息,在机器学习条件下可以实现三者之间的相互转化。例如在计算机中输入命令语言搜索图像资料信息,利用声控的方式进行语言输入,通过图像软件识别功能搜索图像的基本信息等。目前这些技术已经取得了初步进展,并且在弱人工智能中得到了运用。未来人工智能技术能够将声音—语言—图像联系得更加紧密。通过机器学习训练来逐步加强智能体对声音—语言—图像的理解。诸如PC智能交互、智能手机交互、智能搜索、智能翻译等。这样可以打破传统的语音、视频和成像识别的缺陷,增强虚拟环境下的声音—语言—图像的真实感。

3.搜索技术的应用

将人工智能技术引入到搜索引擎技术之中,不仅具备传统的搜索及浏览操作,还可以提供独立的搜索功能。人工智能介入搜索,采用深度优先、广度优先策略,可以提高搜索的范围和自动整理信息的能力。为了提高搜索能力,可以通过Robot的智能化、智能代理技术、查询接口的智能化来实现。从目前来看,克服问题的关键是网络信息的无序性、信息媒体多样化,还不能建立真正的基于自然语言理解的智能答询系统,去理解所有自然语言所代表的含义。例如图片搜索识别技术的运用,生活中当你看到一株不知名的植物,拍一张照片,通过输入搜索引擎,你就会通过机器识别找到植物的名称和基本信息。同样也可以用于人脸识别技术。这是人工智能搜索发展的结果。

4.人机交互技术的应用

人机交互技术是通过人工智能程序,脱离传统的键盘鼠标等输入设备的限制,可以用肢体语言发出需求信息,比如声音、手势等,在虚拟的环境中能够对发出的指令信息做出反应,给人产生一种身在其中的感觉,其技术主要是通过人工智能的传感器设备实现的。例如智能手机,是人工智能发展的产物。传统的手机主要分成两部分,由显示屏和按键组成。但是新型的手机只保留必要的按键,其他的都做成虚拟的模式,虚拟的键盘在屏幕上进行显示,用户通过电子

---

① 易善炳.人工智能在非物质文化遗产保护中的运用[J].科学经济社会,2020(1):19-25.

传感器对屏幕进行操作,其运行的速度不比传统的按键手机差。另外因按键减少,手机的屏幕显示范围也在扩大,增强了手机屏幕显示的视觉效果。又如人工智能语音系统可以通过机器语言训练,对用户的声音进行传输,不仅可以保持原声传输,而且还可以对用户的声音指令做出相应的回馈。

第五节 非物质文化遗产数字化保护实践

一、景德镇陶瓷非物质文化遗产的数字化保护实践

(一)景德镇陶瓷非物质文化遗产的数字化采集与处理

景德镇陶瓷非物质文化遗产是一种"生活"文化,文化内涵是通过人类活动来表达的。[①] 因此,数字化采集的对象可包括研究景德镇传统陶瓷文化、描述记录景德镇传统手工制瓷技艺、陶瓷文化创新及应用等各个方面的实物、手稿、图片、文字、音频、视频记录等。采集过程中,需特别注意临近缺失技艺环节的采集工作。由于成本及政策原因,景德镇现在有少量柴窑(景德镇市内留存的柴窑多数以表演性质为主)。应特别注意:此类技艺环节的资料采集,甚至可以采用环节模拟重现后现场拍摄加后期制作方式,尽可能真实地还原每一道制作工序细节,丰富数字化保护内容。

技术上,可通过扫描图文、三维扫描、全息投影、数码拍摄等采集技术,数字图像处理、CAD、Premiere 等处理技术,将与非物质文化遗产相关的人员、事物、技能和环境转换为易于存储的数字文本、图片、视频和音频格式,也可以对一些艺术作品进行数字化模拟。

(二)景德镇陶瓷非物质文化遗产数字资源库的建立

数字资源分类建档和存储是数字化保护非物质文化遗产的重要途径之一。在前期标准化采集与处理的基础上,根据不同分类方式和类别分别建立起二级

---

① 哈乐,张虹,黄山涯.景德镇陶瓷非物质文化遗产的数字化保护[J].中国陶瓷工业,2020(2):57-60.

数字资源库。从资源内容来看,可以分为文献库、技术库、产品库等;从资源类型来看,可以分为文本库、图像库、视频和音频库、虚拟库等。在建立数字资源库的过程中,需注意数据库类型的多样、资源类型的均衡,尽可能丰富视频影像资料这类动态直观可视化的数字化资源。

资源库基本功能设计上包括资源上载、资源下载、格式转码、资源编目、资源管理和资源检索等,可随时更新添加或修改数据库内部数据信息,为景德镇陶瓷非物质文化遗产提供一个数字存储和查阅的数字资源库。

(三)景德镇陶瓷非物质文化遗产数字通信平台的建立

在建立数字资源基础的基础上,以大数据、云计算等新兴技术为基础,建立景德镇陶瓷非物质文化遗产传播平台快速传播,影响深远、覆盖面广,对景德镇陶瓷非物质文化遗产的传承具有十分重要的现实意义。在实际的平台设计中,应加强三方面功能的完善。

第一,平台检索功能的完善。数字化传播平台建立过程中,要注意完善平台的检索功能,在分类查看基础上,实现资源类型、资源时间、关键字等搜索条件的高级组合检索。

第二,平台展示功能的完善。时代的变化给人们的生活带来了翻天覆地的变化。人们更多是将时间利用在碎片化的电子阅读和浏览小视频上面。平台资源展示上应多考虑"微视频"的表现方式,符合大众的信息化碎片阅读习惯。

第三,平台互动功能的完善。资源展示不局限于文档、图片、视音频等,应更多考虑利用三维、虚拟现实等多种技术手段,达到图文影音并茂、多媒体的全方位展示效果,并可通过对用户的行为做出及时的信息反馈,让人们感受到作为虚拟环境中主角的现实感和互动感。实现非物质文化遗产的展示要求和真实效果,营造身临其境的感觉,让人们不需要离开家就能体验民俗文化。真正将非物质文化遗产现实化、活态化,很好地保留了非物质文化遗产的"本真性",使其得到更加安全、长久的保存。

二、湘西民族体育非物质文化遗产的数字化保护实践

(一)多主体发挥作用

首先,当地政府应该制定合理的政策,给予湘西民族体育非物质文化遗产

数字化工作开展的政策支持。文化部门应该发挥协调作用,与其他部门加强合作,共同制定湘西民族体育非物质文化遗产数字化保护政策。

其次,政府应该加强与社会的合作,吸引社会注意力,使其能广泛参与到保护工作中。政府在非遗保护工作中所能投入的资金毕竟有限,因此,其可以给予地方科技公司、知名企业政策优惠,从而使其能以投入资金、提供技术支持等方式参与湘西民族体育非物质文化遗产数字化保护工作,这样,非遗保护工作就能实现高质量开展。

再次,加强与其他地方的交流。当地文化部门可以组织相关人员到国内外其他地区开展非遗数字化保护的交流,从而积极借鉴其优秀经验,探索多样的、有益的保护方法。

最后,地方文化、体育等部门应该加强有关湘西民族体育非物质文化遗产数字化保护的科研研究,同时给予研究单位或个体一定的资金支持,这就能在一定程度上将保护空间延伸到科研领域,从而确保了保护工作的科学性与有效性。

(二)内培外引数字化技术人才

首先,数字化保护的革新不仅指保护媒介和技术的变革,在保护和传承观念上也不同于传统的媒介技术和传播方式。因此,在本土数字化技术人才资源匮乏的情况下,要求湘西民族体育非物质文化遗产保护和传承的从业人员除了主动学习数字化技术,还要转变过去的传统观念。[①]

其次,要积极加强与地方院校的合作,共同培养非遗数字化保护人才。地方院校应该结合当地非物质文化遗产资源设置专业、开设课程,从而使人才培养更具针对性,这能保证湘西民族体育非物质文化遗产数字化保护工作的有效开展。

最后,要在全国范围内引进更多的数字技术人才。通常情况下,人才培养周期比较长,因此,地方政府可以通过从全国高校、科研机构引进人才的方式解燃眉之急,而且,这些人才还能为湘西民族体育非物质文化遗产数字化保护工作注入新的活力。

---

① 刘卫华.湘西民族体育非物质文化遗产数字化保护路径[J].当代体育科技,2022(34):131-135.

(三)建立统一的数字化影像数据库

为了提升保护工作的有效性,笔者认为,地方政府还应该在全面收集资源的基础上建立统一的数字化影像数据库。

首先,对湘西民族体育非物质文化遗产进行数据采集,对传承人口述及现场表演进行记载,推动湘西民族体育非物质文化遗产数字化进程。

其次,构建数字库,在数字化存储记录中,把记载湘西民族体育非物质文化遗产的文献、图片、影像等进行翔实整理,做好分类、分层数字转化,构建湘西民族体育非物质文化遗产数据库。

最后,构建存储云平台,使数据库内存空间得到保障,建立湘西民族体育非物质文化遗产专题型数据库。

(四)建立湘西民族体育非物质文化遗产数字博物馆

在建立湘西民族体育非物质文化遗产数字博物馆时,要有湘西民族体育非物质文化遗产的起源、内容、形式、发展、特色等科普栏目;要有湘西民族体育非物质文化遗产的相关影像、器材工具等藏品栏目;要有湘西民族体育非物质文化遗产相关的文献、档案资料、口述历史等知识服务栏目;要有与湘西民族体育非物质文化遗产相关的各类器具手工艺品、游戏、动漫等衍生产品。同时,在湘西民族体育非物质文化遗产数字化采集和制作过程中,要注重对其原始性、真实性、艺术性、民族性、整体性、功能性等进行生动演绎,让观众或受众身临其境体验湘西民族体育非物质文化遗产独特的魅力和神秘感,这样不仅能让人有耳目一新的感觉,而且能给民族体育、民族文化、民族宗教等研究者提供启示和素材,进而引导其积极主动参与湘西民族体育非物质文化遗产保护和传播。

第七章　非物质文化遗产保护与发展创新其他路径

非物质文化遗产保护与发展创新的路径众多,从不同的角度出发,人们都能总结出不同的路径。本章梳理了一些其他的路径,从而为非物质文化遗产保护与发展创新工作的开展提供借鉴。

第一节　文旅融合

一、文旅融合的必要性与可行性

(一)文旅融合的必要性

1.适应市场需求变化

随着社会现代化水平的提高、信息技术的发展,互联网极大地便利了人们的生活,也开阔了人们的视野,使人们的娱乐生活变得丰富多彩。在这种情况下,过去为人们所喜欢的传统美术、舞蹈、音乐等艺术形式在较为丰富的艺术形式的冲击下,变得岌岌可危。尤其是一些传统工艺,其甚至已经到了无人问津的地步。很明显,这非常不利于非物质文化遗产的保护与传承。旅游是现代人非常喜欢的休闲娱乐方式,在旅游活动中,人们的精神世界变得丰富。而且,在旅游过程中,人们一般都会买一些传统工艺品,这些传统工艺品其实也凝结着非物质文化遗产的精华。因此,文旅融合十分有必要,借助旅游产业发展,能实现非物质文化遗产的传承与传播。

2.中国传统文化传承的需要

在中国经济转型与高速发展的背景下,许多年轻人喜欢到大城市闯荡,而且他们大多数对各种新鲜事物保持着高度的热情,这导致存在于乡村环境中的非物质文化遗产无人问津,一些民间传统艺术甚至已经到了没有传承人的地步。传承人数量急剧减少,同时,他们的年龄也在显著增加,这导致他们的记忆力也大不如从前,因而其在非物质文化传承方面受到了诸多限制。旅游产业与文化产业的融合,能缓解传承人的传承压力,也能使非物质文化遗产获得新的传承路径,获得新的发展活力。非物质文化遗产本身就是中国传统文化的一部分,因此,借助旅游产业传承非物质文化遗产其实就是传承中国传统文化。

3.非物质文化遗产转型升级的需要

中国非物质文化遗产种类多种多样,且彰显了巨大的价值,加强对它的保护需要大量的资金。政府当然是在非物质文化遗产领域注入资金的主体,但它并不是唯一主体,如果仅靠政府的资金支持,非遗保护工作将很难顺利开展。倘若旅游企业能加大对非物质文化遗产资源的开发,并将其转化为旅游资源,使其能产生经济效益,那么,非物质文化遗产的保护质量就能有所保证。

(二)文旅融合的可行性

1.协同发展基础充分

中国自从实施改革开放政策以来,已经在诸多领域实现了翻天覆地的变化,这主要表现为居民可支配收入增加、人们的经济与生活水平提高等。在人们经济需求得到满足的同时,其开始试图追求精神层面的满足,旅游就是丰富其精神世界的一种方法。中国政府非常重视基础设施建设,这让中国拥有了完善的交通体系,而完善的交通体系恰恰就是旅游业繁荣发展的基础与前提。这是因为多样的交通工具能给人们提供多样的出行选择,也能帮助其制定最为有效的旅游计划,像飞机这样的交通工具更是能节约人们在路上的时间,使其能始终保持对旅游的吸引力。此外,旅游企业的多样与酒店的发展等也为旅游业的发展奠定了扎实的基础,各种高质量的服务与完善的基础设施更是能让游客获得绝佳的旅游体验。

2.运作方式多元灵活

中国历史悠久,在历史长河中,人们开发了不少非物质文化遗产资源。在今天,丰富的非物质文化遗产资源几乎都能被转化成旅游资源,这是因为这些资源本身就具有文化特性,能彰显一定的经济价值。而且,非物质文化遗产有着极强的趣味性与观赏性特点,各种形态多样的产品能满足不同游客的需求。

3.理念上与时俱进

为了顺应文化强国战略的发展,不断提高国家文化软实力,必须将更多文化资源转化为旅游产品,促进旅游业的优化升级。随着旅游活动开展的普及,获取和认识国外的非物质文化遗产已是许多游客出境游的主要动力。[①] 旅游行为是游客感悟外来文化的过程。而非物质文化遗产旅游向人们展示了解历史文化、领略当地风俗、探寻民间文化精髓的重要方法。可见,非物质文化遗产旅游开发具有广泛的群众基础,因此对非物质文化遗产进行旅游开发是可行的。

二、非物质文化遗产保护与旅游协同发展策略

(一)发挥政府主导作用

文化旅游与"非遗"保护工作都是系统性的大工程,需要相关部门的协调配合。如果能在政府主导下统筹协调相关部门的工作,那么非物质文化遗产保护工作就可以顺利推进,同时,以"非遗"为特色的文化旅游产业也会得到快速发展。为此,在政府主导背景下,管理部门可以与文化和旅游部门、"非遗"保护部门、地方经济发展部门等共同确定协调沟通机制,明确各自在文化旅游与"非遗"保护工作中的角色与职责,加强各方的合作与分工,从而推动文化旅游产业与"非遗"保护工作的升级更新。具体来说,由职能管理部门牵头,安排人员调查研究文化旅游工作与"非遗"保护工作牵涉的相关部门,成立一个以"非遗"保护与文化旅游为中心的协同管理机构,设立一个综合性部门,为后续的工作安排奠定基础。另外,要加大资金支持力度,"非遗"保护工作需要大量的资金支持,这涉及对"非遗"传承人的培育、相关文化活动的组织、"非遗"项目的保护与修复等。加大资金投入力度能进一步强化对"非遗"项目的保护,推动"非遗"的传承与发展。对此,政府可以出台一些鼓励政策,引导民间团体、企业、个人等社会力量参与到"非遗"保护中来,拓宽资金来源渠道,确保"非遗"工作有充足的资金保障。

(二)建立非遗工坊

政府在非物质文化遗产工作中发挥的主体作用有些过度,这让其他主体参

---

① 严宽荣,林婉玲.非物质文化遗产保护与旅游协同发展探讨[J].合作经济与科技,2021(4):39-40.

与的程度不高。政府通过财政拨款形式设立了扶持保护单位,建立了文化保护生态区。当然,这样的举措的确能促进非物质文化遗产的保护与传承。但是,这却极大地削弱了传承人工作的积极性。生产性保护理念形成之后,工作人员将其融入非遗保护工作中,这使该项工作充满了无穷的活力。非遗生产性保护的主要方式就是创建非遗工坊,在具体的物质产品上体现非物质文化遗产元素,借助生产活动,实现物质财富的创造,同时传承精神价值。①

为了使非物质文化遗产保护模式可以沿着良性发展的方向前进,笔者认为,工作人员应该形成生产性保护理念,并利用这一理念开展好非遗保护工作。非遗工坊是在以几种具有代表性的非遗产品的基础上建立起来的,它能将传统手艺人聚集起来,使其能共同制作与加工非遗产品。非遗工坊应该积极发挥自身在非遗保护工作中的作用,确保产品的创意性与传承性,同时还要在详细分析现代人审美观念与习惯的基础上,设计出满足现代人审美需求的具有创意的非遗产品。这不仅能使非遗文化获得传承与发展,而且还能让现代人获得丰富的审美体验。

非遗工坊不能闭门造车,而是应该把眼光放得长远些,组织不同形式的兴趣班,并吸引外部人员积极参与,这一方面能扩大非遗产品的生产规模,另一方面还能让更多的人深入了解非遗文化,并自觉在生活中传承与保护非遗文化。

非遗工坊是一种利用现代管理理念运转的传承非遗文化的形式,它利用多样的销售渠道与模式促进了非遗文化的传播,也增加了一些经济效益。

(三)围绕旅游体验开发非物质文化遗产旅游项目

随着人们生活水平的提高,越来越多的游客希望从旅游休闲中获得文化、情感层面的体验。现在诸多"非遗"旅游项目也非常重视游客的体验,旅游项目以灵活的团队游玩、散客游玩为主。过去的旅游项目主要为团队游玩的形式,游客的自由度不高;如今的旅游活动更为灵活,给予了游客更多的自主空间,极大地满足了游客的不同需求。由此可知,高质量的旅游体验属于"非遗"旅游项目开发的关键,具体来说可从以下三方面切入。

---

① 叶克军.文旅融合视角下的非物质文化遗产的保护与传承[J].黑河学院学报,2021(11):64-66.

第七章　非物质文化遗产保护与发展创新其他路径

1. 关注大众的个性需求和情感需求

首先通过问卷调查、大数据技术分析游客的旅游偏好,掌握他们的旅游需求,然后有针对性地开发"非遗"旅游项目,以贴合游客的旅游喜好,满足其情感需求。来自不同国家或地区的游客有不同的生活背景,同时,每个人的文化程度、年龄、个性、喜好也有所不同,因此,每个人的旅游需求也是不同的。"非遗"旅游应围绕不同游客的个性与需求,设计多元化的旅游活动,从而让游客享受到高质量的旅游体验。另外,还可以针对游客的情感需求来设计旅游产品,基于旅游体验角度设计"非遗"旅游产品,让游客获得快乐,满足他们的情感需求。如此一来,游客在消费"非遗"旅游产品的过程中能够消除旅途的疲劳感以及对异地的陌生感。

2. 尽量维持非物质文化遗产的本真性

国内旅游业正处于快速发展阶段,游客也越来越希望从旅游中获得本真性的体验,而这通常与游客的消费欲望成正比。有的游客希望通过旅游去寻找、感受原生态的、神秘且真实的文化,同时,他们也喜欢据此来评判旅游目的地"非遗"旅游项目的质量。因此,为了让游客获得最真实优质的旅游体验,旅游目的地应最大限度地保持"非遗"项目的本真性,故须遵循"保护第一,保护重于利用"的原则。对于"非遗"而言,本真性属于其稀有特性,只有将这一关键要素保护好,才会带来源源不断的收益,反之则只能获得短期的收益。

3. "非遗"的活态性特点应得到深度挖掘

随着我国旅游业的蓬勃发展,游客的旅游经验也逐渐丰富。很多游客已不满足于被动地参与团队旅游活动,他们更倾向于自主探索、体验旅游文化活动。可以说,当前的旅游体验表现出自主化、个性化、情感化的特点。对于"非遗"而言,并不能简单地认为它是历史遗留的僵化化石,其表现出延续性、变化性的特征,因此可以称之为活态存在物。"非遗"是基于民族特有的生活模式产生的,蕴含着民族特性和审美特点,其表现手段包括声音、形象、技艺,同时大多为身口相传得以传承,属于一种"活"的文化而存在。为此,可以挖掘"非遗"的活态性特点,让游客获得更好的旅游体验。

原生态民族旅游村是当前比较流行的做法。"非遗"的产生有赖于一定的地域环境,也会直接体现出这一地域特色,一旦脱离这一地域,非物质文化遗产就丧失了生存的土壤。在生态旅游颇受关注的今天,这种旅游模式可以让游客领略到原汁原味的自然生态与独特的文化生态系统。具体来讲,应选取自然风光优美、"非遗"旅游资源丰富、民族文化特色鲜明的民族村寨作为试点,按照原生态的思路打造民族旅游村,村民既是村子的主人,又是村里的工作人员,更是本村文化的真正拥有者与传承者。这不仅能有效防止当地生态环境被破坏,也尊重和维护了当地民族传统文化的完整性,能让游客体验到真正的"非遗",提高旅游满意度,还能带动当地经济发展,增加当地居民收入。此外,还可以举办形式多样的节会式活动,一般包括集会、节庆两类。节庆属于传统民俗文化活动,开办时间与形式内容都有固定的要求。例如,春节期间多地都有赏花灯、花灯戏、舞龙等民俗活动;而在端午节很多地方都有包粽子、划龙舟的活动。集会式文化活动则更加灵活,当地人会通过一些传统习俗来表达个人情感。因此,可以选取一些集会活动进行适度开发,以强化旅游活动的参与性。

(四)拓宽传播渠道

文旅融合能进一步模糊文化产业与旅游产业的界限,使其获得融合发展,这能为非物质文化遗产的营销与推广提供更加广阔的舞台。非物质文化遗产是中华民族几千年来形成的优秀文化成果,有着极高的文化价值与经济价值。因此,非物质文化遗产不能被局限在某一地域范围内,而是应该在更大的范围内获得传播。在这种情况下,相关工作人员应该探索更多的宣传与推广方法,扩大非物质文化遗产的影响力,使更多的人喜欢并传承非物质文化遗产。在发展旅游业的基础上,旅游从业人员应该积极分析非物质文化遗产市场,实现非物质文化遗产与旅游产业链的融合,从而使其获得有效开发,有效发展。

第一,要依托旅游景区的影响力,比如,借助知名景点、特色街区等来传承非物质文化遗产,这样就实现了非物质文化遗产与旅游产业的融合。同时,还应该重视文创产品的创意性开发,甚至能聚集更多的手艺人,形成非物质文化遗产聚集区,他们共同开发、制作手工艺产品能吸引更多的游客驻足,进而使其对非物质文化遗产产生浓厚的兴趣,甚至激发其购买欲。比如,黄山市屯溪老街就是比较出名的历史文化街区,整个街区有着浓郁的古风风味,有着特色徽派建筑,山水宜人,各种古街店铺错落分布。游客在街区游览的过程中,不仅能欣赏美景,而且还能品尝各色美食,体验不同工艺品的制作。

第二,现代人对旅游体验有着极强的体验感与仪式感的追求,因此,当地政府相关部门应该注重旅游产品的差异化开发,利用当地特色的非物质文化遗产开发创意文创产品。另外,还可以开发当地非物质音乐、节日等文化遗产资源,并将其融入旅游活动的组织中,这样,游客在参与这些旅游活动的过程中就能了解不同的非物质文化遗产,也能愉悦身心,更能促进当地旅游业的繁荣发展。

第三,推广是发展文化旅游的有效模式,但并不是唯一模式,要实现文化旅游产业的高质量发展,笔者认为,当地政府还应该加强对文化资源的深度开发与整合。具体来说,应该基于当地人文资源的实际,选择非物质文化遗产聚集区作为资源展示的重要场所,从而从整体上完成对非物质文化遗产的保护;加强对非物质文化遗产的转化,使其成为旅游资源;在非物质文化保护区内可以建立文化传习所、非遗展览馆等,从而使人们能从多个渠道了解非物质文化遗产;定期组织民俗活动,以完善的活动策划、丰富的活动内容、新颖的活动形式吸引游客,从而使其能更加深刻地了解非物质文化遗产,这就拓展了非物质文化遗产的发展空间。

(五)创设"产学研"平台,开发"非遗"文旅产品

非物质文化遗产的保护与传承是一项复杂的长期工程,单纯依靠法律或几个部门是很难实现的,还应充分发动高校、企业等社会力量。政府应出台一系列鼓励措施,引导更多企业参与到"非遗"保护工作中。一方面,企业可提供资金支持,让"非遗"保护获得更多的经费支持。另一方面,旅游目的地政府可与企业合作,由企业开发出富有当地特色的"非遗"文旅产品,如胸针、刺绣手包与服饰、玩具等,在产品包装、外观设计、营销推广等不同环节中融入"非遗"文化元素,使文旅IP更具鲜明特色。

对于高校来说,其应主动与"非遗"传承人合作,推动"非遗"项目的产教融合,让"非遗"项目在高校获得传承与发展。"非遗"传承人可在高校与专业人士展开交流研讨,以解决自身在理论层面与技能方面的不足;高校可邀请"非遗"传承人担任讲师,为师生介绍"非遗",指导大学生参与"非遗"项目的产品创意设计营销、"非遗"文化的宣传以及拓展"非遗"市场。此外,地方高校要与"非遗"工坊合作,探索产学研模式,合力开发"非遗"文旅产品,实现对"非遗"文化的活态传承。

(六)引导公众保护非物质文化遗产

非物质文化遗产的保护需要社会公众的参与,为此,应增强公众的保护

意识。①

首先,通过利益机制激起公众的保护积极性。旅游产业的经营者应充分利用"非遗"项目所具备的独特优势,研发优质的文旅产品,实现旅游效益与经济效益的双重增加。

其次,将当地群众吸纳到旅游开发规划中,增强群众的主体意识与保护观念。

再次,大力开展旅游品牌项目的交流与宣传,利用"非遗"项目的品牌影响力,充分挖掘民间文化,将文化内容融入旅游发展规划之中,增强文化在当地人心中的影响力。

最后,遵循在开发中保护这一原则,要在保护非物质文化遗产的基础上进行旅游开发,防止非物质文化遗产在开发过程中遭到破坏。另外,在重大旅游节庆活动开展期间,可鼓励广大干部群众穿上民族服饰,宣传民族文化,促进民族团结,通过实际行动助力"非遗"传承与民族文化旅游的发展。

第二节 影视手段

一、影视艺术与非物质文化遗产之间的关系

(一)二者在风格与传播上存在互补性

在明确影视艺术作品对非物质文化遗产的保护作用之外,相关工作人员还应该充分认识到影视艺术与非物质文化遗产之间的关系,这会直接影响到后续保护途径、保护手段的设计与应用。② 而就这二者之间的关系来看,它们中最明确的一点关系就在于风格与传播角度的互补性上,因为影视艺术本身是存在着较强的传播性质的,它能够将既定的影视作品内容传播到更多的视野之中,但其大规模的传播性优势下,所蕴含的是对其质量和数量的高要求。为确保观众能够始终为影视作品内容"买单",影视行业的工作人员就要保证,每一则作品

---

① 冀加梅.基于文化旅游视角的非物质文化遗产保护研究[J].漫旅,2023(22):102-104.
② 徐硕.影视艺术对非物质文化遗产保护的作用及途径[J].记者观察,2021(35):82-84.

的独特性和创新性,只有不同风格下的影视作品才能够在较大程度上调动观众的兴趣,避免其因缺乏新鲜感而产生厌倦情绪。非物质文化遗产的内在表现形式却与影视艺术之间呈现出截然相反的特性,它本身的独特性够强,而且内在的文化表达也与现代部分影视内容有所偏差,但其本身的受众面、传播力度,却远远比不上影视艺术。由此看来,这两者之间截然相反的特性,不失为一种互补的优势条件,工作人员若能够利用部分现代技术手段,将二者进行结合,便能够在保证影视艺术作品具备特有风格的基础上,将非遗文化进一步传播到观众视野之中。

(二)二者能成为文化产业发展的动力来源

非物质文化遗产是我国数千年来沉淀下来的经典文化载体,它的呈现与发展不仅仅代表着我国的历史进程,更能够直观地体现出中华文化于历史发展洪流中的重要意义,这不仅能对我国人民文化自觉、文化自信的形成产生积极影响,而且对培养一代代年轻人的爱国主义精神以及民族价值观来说,更是拥有着不可比拟的作用。而反观影视作品对非遗文化的记录和存储,它非但对文化产业的进一步发展和传播有着重要帮助,还能够从侧面在非物质文化遗产之中,收集到更多的艺术作品创作动力和多元内核。由此可知,二者之间除了拥有风格与传播方面的互补性之外,非物质文化遗产同时还能够成为影视艺术发展的重要素材,即二者之间还存在一种可持续性的生态发展模式,能够为文化产业的相应发展提供动力来源,而这对促进影视艺术发展和同步弘扬非物质文化遗产而言,也有着一定程度上的积极意义。

二、影视艺术在非物质文化遗产保护中的作用

(一)宣传作用

受众面非常广的媒体宣传方式之一就是影视艺术作品。那些高质量的影视艺术作品的播放次数众多,有着极大的影响力。因此,相关部门与工作人员可以借助影视艺术作品传播非物质文化遗产。

首先,非物质文化遗产具有隐匿性特点,不少非物质文化遗产因为地理、资源等原因没有获得良好的发展。新时代,非物质文化遗产不应该被藏在"幕后",其应该"走"到受众面前。借助影视艺术作品,受众能比较生动、直观地了

解非物质文化遗产,不会让其产生反感,甚至能激发他们对非物质文化遗产的兴趣。

其次,一般来说,影视艺术作品的表现形式多种多样,因此,工作人员应该在全面分析非物质文化遗产特点的基础上选择合适的影视艺术作品,从而使非物质文化遗产能获得高质量的展现。同时,还要考虑不同受众群体的需求,为其在影视作品中融入不同的非物质文化遗产。

最后,可以将现代技术手段融入影视艺术作品中,比如,可以利用3D技术对非物质文化遗产进行修复与重现,这就能使人们沉浸在非物质文化遗产的海洋中,也能增进其对非物质文化遗产的认识与理解。

(二)普及作用

影视艺术能极大地促进非物质文化遗产的普及,甚至能让更多年轻人参与到非物质文化遗产的学习、传承与保护工作中。

一方面,在流行文化的影响下,不少年轻人并不重视中华优秀传统文化,这使非物质文化遗产的受众群体变少了,甚至某些非物质文化遗产已经陷入没有传承人的发展境地。现代人一般都很喜欢影视艺术,因此,相关部门与工作人员可以利用影视艺术作品传播非物质文化遗产,可以拍摄非物质文化遗产的制作过程,这能让年轻人了解非物质文化遗产的制作难度与文化内涵,也能转变其对非物质文化遗产的态度,甚至能激发他们对非物质文化遗产的兴趣。影视艺术作品能承载丰富的非物质文化遗产信息,年轻人在浏览这些信息时就能吸收更多的非物质文化遗产知识,也能在生活中自觉地传承与保护非物质文化遗产。

另一方面,影视艺术作品往往能获得民众的普遍关注,甚至能引发他们的热烈讨论,这就有利于民众形成对非物质文化遗产的新的认知。有关部门主动拍摄与非物质文化遗产有关的影视艺术作品,使其在非物质文化遗产传承与保护工作中做出的不懈努力能够真实再现,这有利于吸引更多的人来参与这项工作。

(三)记录作用

与其他传播渠道相比,影视艺术这一传播渠道所发挥的记录作用是它的一大特色。

首先,有些非遗项目具有不可复制性,比如,杂技表演,每一次的杂技表演都是不一样的,而影视技术能将每一次的表演保留下来,这些保留下来的影视资料就能促进非遗保护与研究工作的开展。

其次,非遗并不是静止不动的,其总是处于动态发展中,在不同的时代它总会吸收新的内容。因此,在对非遗进行评价时,必须考虑其发展历程以及能对其发展产生影响的因素。但是,时代在快速发展,生活压力已经让不少人没有时间去研究非遗项目的变迁。影视记录手段就是一种能帮助人们快速了解非物质文化遗产的手段,通过观看非物质文化遗产纪录片,人们能快速、全面、生动地了解非物质文化遗产的发展历程,也能体悟非物质文化遗产的文化内涵,感受其魅力。

(四)发挥作用

首先,非物质文化遗产在表现形式上存在一定的局限性,观众无法直接接触许多内容。笔者以定窑艺术为例,它的制作、绘画与烧制过程极其复杂,很难直接呈现给观众。但是,借助影视艺术作品,观众就能从多个角度观察定窑艺术,从而进一步了解它。而且直观的视听画面还能加深观众的印象,使其能在以后也能回忆整个制作过程。

其次,有些非物质文化遗产只能在特定环境中展现自己的魅力,倘若对其进行盲目调整与修改,那么,其可能会失去自己的特色。笔者以评剧艺术为例,如果它没有剧场环境的支持,其在展现自身魅力方面就会大打折扣。因此,利用影视艺术作品传承非物质文化遗产,工作人员应该在保留原有艺术形式的基础上,融入新的元素,从而使非物质文化遗产获得个性保护。

(五)互补促进作用

非物质文化遗产能成为影视作品内容体系的一部分,能让其变得更加有内涵。

首先,非物质文化遗产有着详细的记录,有着传承人,是真实存在的优秀文化。借助影视艺术对其进行加工处理,其实并没有太大难度。2014年,咏春拳被选为非遗后,不少艺术家对其进行了创作,拍摄了不少纪录片、电影等影视艺术作品,他们利用现代影视技术手段,实现了对非遗历史的还原,也使其更加具有生命力与表现力。

其次,非遗文化与影视艺术作品之间有着紧密的联系,甚至能实现生态化融合。非物质文化遗产有着悠久历史与深厚的文化沉淀,影视艺术作品如果能在创作过程中借鉴其内涵与精神,就能使其内涵更加深刻,价值更加突出,更能使其充满旺盛的生命力。更为重要的是,观众在观看这些影视艺术作品时,也能从深层次上了解非物质文化遗产的文化内核。

三、通过影视艺术保护非物质文化遗产的途径

(一)加大普查力度

第一,吸纳群众力量,组建专业的普查队伍,力求覆盖各村和社区,通过普查队伍发动乡镇、街道、社区基层工作群体参与非遗现状的调查,全面梳理非遗分布情况,整理非遗名录,深度挖掘民间民俗文化,为开展非遗传承和保护夯实基础。

第二,加强普查队伍素质培训,通过邀请专业人员讲解、实操训练等方式,提高普查队伍工作专业性,确保普查工作顺利推进,提高收集上来的资料素材、基础数据真实有效。

第三,加强民间文化场馆的建设和管理。一方面增设文化空间,建设文化馆、艺术馆等对本地现有的非遗文化进行保护和展示;另一方面借助原有场馆,丰富展示作品的内容,因地制宜设计展示形式,提高对本地群众的吸引力,满足群众接受文化熏陶的需求,凝聚集体力量保护非遗。①

第四,加大非遗申报力度。对照标准积极申报本地达标的非遗,使更多优秀的非遗能入选省级、国际级名录。

(二)建立可持续性发展的机制

在借助影视艺术手段保护与传承非物质文化遗产的过程中,应该建立一套完善的保护机制,从而确保该项工作的顺利开展。

首先,文化部门应该结合非物质文化遗产保护与传承的现状,制定科学的评价标准,区分非遗与其有关的内容。比如,在开展建立非遗保护基地的项目

---

① 陈梅芳.浅析影视传播对非物质文化遗产的保护及宣传[J].环球首映,2021(5):9-10.

的过程中,文化部门应该对投资环境与非遗资源分布情况进行具体评估,从而确定非遗产品开发的价值,并以评价结果确定非遗保护与传承的方法。

其次,非物质文化遗产具有旺盛的生命力,相关部门与工作人员才能更好地保护与传承它。工作人员可以探索具有特色的非物质文化遗产经营理念与策略,将非物质文化遗产开发深入旅游产业、文创产业中,甚至打造特色品牌,这有利于提升非物质文化遗产的影响力。而且,借助影视艺术手段,还能将非物质文化遗产的价值充分地彰显出来。

(三)协调好相关的利益划分

非物质文化遗产是一张文化艺术名片,在对非遗进行开发的过程中,需要协调不同主体之间的利益划分工作,稳定有序地开展非遗与文化产业的合作。一方面,非物质文化遗产的开发与保护不可能依靠个体完成,它需要政府、社会组织、科研机构的参与与相互合作。为了进一步提高非物质文化遗产工作开展的质量,实现效益的最大化,政府文化部门应该积极发挥引领作用,吸引更多的影视艺术创作者参与其中,使其能将自己的创业与想法自觉地融入工作中。

另一方面,不同主体所能发挥的作用不同,其应该加强合作,形成合力,共同在非物质文化遗产的保护与传承方面做出自己的贡献。笔者以《舌尖上的中国》这一纪录片为例,各方主体在纪录片拍摄过程中都发挥了自己的作用,以自身优势促成了这一高质量纪录片的问世。

(四)加大新媒体传播力度

随着计算机技术的蓬勃发展,新媒体方兴未艾,成为当前更受欢迎的传播方式。新媒体改变了信息传播的方式,也为非遗在普通群众之中的传播提供了新的可能性。

第一,为非遗相关活动的宣传提供了便利。在地方组织非遗活动之后,可以借助各种新媒体对活动进行报道,借助新媒体信息传播速度快、浏览量大的特点,及时扩大活动影响力,让非遗第一时间近距离地走近公众。

第二,借助新媒体开展群众性线上互动活动。借助微信公众号、抖音、B站等平台,开展一系列围绕非遗的形式新颖有趣、能够吸引群众参与的活动,如视频展演、有奖竞猜、"我与非遗的故事"等,通过在线活动激发参与,宣传保护非遗。

第三,借助新媒体推动文旅发展。将文化与旅游相结合是当前旅游业发展的一大特点,而非遗的引入正好可以丰富文旅的内涵,开展非遗体验、非遗参观等旅游活动,既是对文旅事业的推动,也是对非遗的创新性保护。借助新媒体打造如"非遗旅游专线"等载体,让游客线上线下活动双重体验,进一步感受非遗魅力所在。

(五)加大费用投入

第一,保障资金投入,做好非遗保护基础工作。以资金保证为基础,组织人力物力,做好非遗分门别类的收集、加工、整理、归档工作,力求非遗传承和管理的全面覆盖和高质量落地。

第二,保障资金投入,打造数字化非遗平台。一方面可以以地区为单位,在文化管理部门的牵头之下,将本地非遗转化为数字化的展现形式,在平台上进行展示和传播,让地方非遗不受时空条件限制,得到更好的传播,发挥更大的魅力。需要指出的是,在进行文化数字化转化的过程中需要尊重非遗本身发展规律,选择视频、音频、图片等合适的方式进行数字化的保存。另一方面可以借助数字化非遗平台对本地的文化馆等文化窗口进行管理,建立虚拟展厅等,或者针对具体主题开辟云上展馆等模块,丰富其展示的渠道和形式,可以吸引更多、更加年轻的群体对非遗作品的关注度,让非遗资源得到更好的传播和传承。

(六)融入创新和现代理念

非物质文化遗产的内核重点在于其精神品质,使用现代化的创新理念对这种精神内核进行传承显得更加重要。①

一方面,与其他的民族相比,中华民族是一个十分推崇精神世界丰富的民族,工匠精神就是丰富人民精神世界的一种不可忽视的精神。工匠精神是非遗传承人在保护与传承非物质文化遗产过程中精益求精理念的反映,因此,在保护与传承非物质文化遗产的工作中,工作人员也应该以工匠精神为支撑,以极大的耐心、持之以恒的态度促进相关工作的有效开展。

另一方面,随着时代与社会的变迁,人们的审美观念与方式都发生了巨大

---

① 包峰.影视艺术对非物质文化遗产保护的作用及途径[J].艺术研究,2021(3):93-95.

第七章 非物质文化遗产保护与发展创新其他路径

的变化。因此,工作人员继续沿用传统的非物质文化遗产宣传方法显然已经无法满足现代人的审美需求。笔者认为,工作人员可以结合现代人对影视艺术作品的关注,将影视艺术作品创作与非物质文化遗产保护与传承工作结合起来,从而创新非物质文化遗产保护与传承工作形式。

第三节 活态化保护

一、活态化保护的理论根据

第一,活态流变性是非物质文化遗产的本质特征。对非物质文化遗产的保护只有注意到了这一点,也才能形成一种更为理性和科学的保护思维,才能提出较为理想的保护措施。所以,对于非物质文化遗产的保护,我们不能采取保护世界文化遗产和自然遗产的思维,要注意进行活态化保护。

近些年非物质文化遗产保护存在很多问题,主要是没有注意到非物质文化遗产的个性特征导致的,大部分保护活动还主要停留在静态保护的水平;重视资料整理和静态展示,轻视活动开展和动态展示;重视纯粹的不加以任何改变的"原真性"保护,忽视非物质文化遗产在历史长河中不断发展、变化和创新的活态性和流变性;重视物化作品的保护,轻视传承人的保护等等。

第二,比较起其他的保护方法,如整体性原则、以人为本原则、文化遗产保护的"有形化"原则、原真性原则来说,活态化保护能够更全面、更为本质、更有针对性地保护非物质文化遗产。在我们的活态化保护中,以人为本只是其中的一个方面,而文化遗产"有形化"原则,则指的是将非物质文化遗产整理成代表作,整理成资料,虽然这种办法有一定的效果,但是从长远保护来说,是不能根本解决问题的,和本文的活态化保护的原则相冲突。"原真性"原则,特别注重遗产的本来面目,反对一切形式对遗产的改变和创新,如果从世界遗产和自然遗产的角度来看,这是最高的保护准则,但是,对于非物质文化遗产的保护来说,却不是很适合,因为非物质文化遗产的保护主要以创新和适应新的环境为主,而不是强调不变。所以,笔者认为,活态化保护是最佳保护方式和原则,比其他方法更能贴近非物质文化遗产保护的独特性质。

二、非遗活态化分析

传承和创新对非遗的发展有着举足轻重的作用,但随着经济发展和社会变迁,只有少数的非遗列入国家保护项目,大部分不能适应时代发展而消失,残存的非遗也因无法产生良好的经济效益面临后继无人的现状。因此,如何从创新的角度激活非遗活态化传承内在生命力和创造力,或是以活态传承的角度促进非遗转换为具有经济价值的产品是政府、社会关注的焦点,更是学术界研究热点。因此,要对非遗活态化传承的传承特征、传承人物与传承思路进行重点探讨。

(一)传承特征

对非遗活态传承特征进行分析,就会发现,它主要可以从传承方式与传承途径两个方面展现出来。在几千年的历史长河中,中华民族探索出了以"口传身授"为代表的传承方式。在利用"口传"手段的基础上,传承人还会结合书籍、实物等载体传承非遗。此外,传承人十分重视技艺的直观讲解与展示,因而会通过亲身实践的方式向学习者展示非遗相关知识。老一辈的传承人有着知识的基本功,且一直能遵守传承规范,这让不少非物质文化遗产都获得了有效的传承。但现在,科学技术飞速发展,非遗制作材料、工艺也在不断更新,这给口传身授的传承方式带来了极大的挑战。从传承形式层面来看,它主要包括子承父业与师徒传承两种,有限的传承方式阻碍了非遗的发展。另外,传承人选择徒弟的门槛比较高,且大部分年轻人都喜欢新鲜事物,不愿意学习传统工艺,这使不少非物质文化遗产面临着没有传承人的问题。

在传播方式不断多样化发展的今天,非遗传承的空间得以拓展,不少非遗传承人开阔了视野,选择与设计师合作,这促进了非遗活态化传承的发展。非遗传承人与设计师的合作能创新非遗产品形式,也能进一步拉近其与消费者的距离,使消费者在加深对非遗了解的基础上购买非遗产品。活态化传承方式是非遗以产品为载体的,后者促进了前者的多样性发展,前者促进了后者内涵的丰富性。

(二)传承人物

非遗传承人一般都掌握着大量的非遗资源与技艺,但其传播非遗的范围有限,只能使非遗在特定范围内传播,这导致非遗传播特别容易出现断层的情况。而且,在大多数情况下,非遗发展的环境相对比较封闭,传承人只会利用固有思维开发非遗产品,这使产品很难满足现代人的需求,这其实恰恰反映了非遗目前发展的尴尬。设计师掌握着扎实的设计知识,有着较高的设计水平,同时还对市场需求有着精准的把握,因此,其参与非遗传承工作,有利于使非遗产品更具深刻内涵,也能使非遗产品获得更好的传播。不少消费者其实都对非遗产生了浓厚的兴趣,但碍于了解渠道的局限以及非遗产品价格的偏高,其一般很难了解更多的非遗知识。

设计师为传承人与消费者搭建了沟通的桥梁,能促进非遗的产品化发展。但也应该清楚的是,不少设计师其实对非遗产品没有足够的了解,因此,其开发非遗产品时应该与传承人加强沟通,从而了解非遗特点,实现非遗产品高质量的开发。另外,设计师还需要多与消费者沟通,了解其真实需求,从而将这些需求切实地转化为非遗产品。传承人、设计师、消费者三者之间的传承关系如图7-1所示。

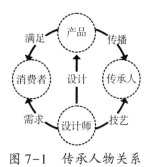

图 7-1　传承人物关系

(三)传承思路

当前大多数非遗还保持着自然、原始、未经过开发的原生态状态,这样的非遗可能只是当地居民的一种节日风俗,也可能是当地居民维持生计的一种手艺活,又或者是博得众人一笑的表演。① 这样的原生态非遗如果不加以传承、保护,很快会在时代的进程中被淹没。当前,我国在非遗研究领域获得了大量有关传承和保护的成果,但是如何活态化传承非遗却少有人关注。非遗活态化传

---

① 程永胜,陈金子,黄奕洁,朱丽云.非物质文化遗产的活态化传承和产品化路径研究[J].南京理工大学学报(社会科学版),2022(1):30-37.

承的问题固然严峻,但单一关注活态化传承问题对非遗的发展难题帮助并不大,如何通过活态化的传承思路使非遗从原生态向市场体系下的非遗产品化转变才是真正的治本之策。因此,在活态化视角下对非遗进行产品化路径研究,就是在保留非遗原生态的前提下,将原本无法批量生产的非遗制品,运用现代化设计手段转换为可批量化生产的商品,实现非遗与产业市场之间贯通,提升非遗传承价值,满足消费者文化需求价值,推动非遗的传播途径和文化产业发展,最终达到多方共赢的目的,活态化传承思路如图7-2所示。

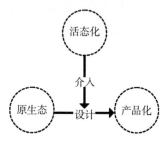

图7-2 活态化传承思路

三、活态化保护的原则

(一)回归生活文化原则

非物质文化遗产是民众不断探索自身生活的结果,他们生活中的各种器物等都与非遗有着紧密的联系,比如服装、生活用品等。非物质文化遗产具有实用性质,是生活样态的文化,只有在生活中它才呈现鲜活的生命力,离开民众的日常生活它就会衰落进而消亡。① 非物质文化遗产的这个特点使得在保护它的时候必须让它回归民众生活,成为民众生活的一个不可缺少的部分,这是非物质文化遗产保护的前提,也是非物质文化遗产活态化保护的一个不可动摇的原则。

(二)表达个性特征原则

非物质文化遗产已经为不少民众所重视,成为其日常生活中自觉完成的一项任务,同时也是满足其精神需求的重要方面。人类的需求不同,其所产生的

---

① 王晓芳.地域民俗非物质文化遗产活态化保护研究[M].重庆:重庆出版社,2023:99.

文化就不一样,每个人都是在满足自身需求的文化环境中成长与发展起来的。因此可以说,文化是一种能反映民族个性特点、展现民众气质的重要方面。非物质文化遗产是民族文化的一部分,因此,要重视文化的传承与发展就可以从非物质文化的传承与发展入手。

非物质文化与自然遗产、古董等不一样,随着时间的流逝,后者会失去原来的样子,但是前者却不一样,在人们的努力下,它们会被很好地保存在世上,也能展现人们的创造力。非物质文化遗产的个性特征其实就是民众个性生活体验的总结、对生活的要求,在所有人的努力下,最终它为所有民众成员所认同,成为民族标志。可以说,非物质文化遗产的存在是以其个性特征的存留为基础的,因此,在进行非遗活态化保护过程中,相关工作人员应该遵循表达个性特征的原则,最大限度上将非遗的个性特征揭示出来。

(三)突出多样性原则

非物质文化遗产是一个大系统,包括许多要素,主要有传统思想、社会礼仪、文学艺术等,这些要素都是人们生活的一部分。不同的民族在非物质文化遗产方面有着诸多差异,正是因为如此,其才构成了非物质文化遗产的多样性。这种多样性不仅对民族发展有重要作用,而且对人类社会的发展也具有重要作用。在开展活态化保护工作的过程中,工作人员应该详细把握多样性原则,充分展现非物质文化遗产的魅力。

(四)创新原则

非物质文化遗产的内核并不会改变,但是,随着时代的发展与社会的变化,它的形式与内容可能会发生相应的变化,这其实就是人们对它创新的结果。非物质文化遗产的创新是有一定前提条件的,这里的前提条件指的是维持非物质文化遗产的"原真性"和"完整性"。如果人们只是凭借自己的主观意识开展非物质文化遗产工作,那么,最终非物质文化遗产可能就会失去原有的内涵,甚至其审美要素也会发生变化。非物质文化遗产是来自民间,是由人民群众创造的,能展现人民群众的创造力,能促进人类社会的发展。创造力在非物质文化遗产保护与传承工作中发挥着重要作用,如果非物质文化遗产没有了创造力,那么,其意义与价值就会降低。因此,在进行非遗活态化保护的过程中,工作人员应该在最大限度上体现非遗的创造力,能始终将一些新的元素合理地注入非遗中。

四、活态化保护的策略

(一)建立健全非遗开发性保护和知识产权保护机制

世界各国都十分重视非物质文化遗产保护与传承工作,这是因为非物质文化遗产是民族文化的彰显,是民族特性的体现。过去,政府是非物质文化遗产保护的主体,其主要的任务就是对非物质文化遗产进行行政性保护,使其能获得不错的生存条件。新时代,非物质文化遗产发展的环境发生了一定的变化,非遗保护与传承工作人员应该审视新环境,探索新的保护模式,对其进行开发性保护。政府有关部门应该利用法律手段加大对非物质文化遗产的保护与传承,同时还应该不断地总结过往保护与传承经验,建构更加完善的非物质文化遗产保护与传承法律制度体系。非遗传承人对非遗产品在法律层面有着著作权与商标权,并能依法获得相应的经济效益。

(二)充分利用新兴技术拓宽非遗文化传播路径

随着信息技术的飞速发展,新媒体在保护与传承非物质文化方面发挥着重要的作用,已经为人们所广泛接受与认可。相关工作人员应该认识到新媒体技术的优势,并将其灵活地应用在非物质文化遗产保护与传承工作中,从而不断强化人们对非物质文化遗产的理解,使其能比较自觉地参与非物质文化遗产的保护与传承工作。对传统非物质文化遗产保护的工作进行分析,就会发现,它主要以社会教育方式为主,尽管它能让非物质文化遗产融入社会工作的各个环节中,但是它却无法将非物质文化遗产的价值意义彰显出来。新媒体技术是促进非物质文化遗产保护工作高质量开展的技术手段,它能提升非物质文化遗产保护的效率,也能扩大非物质文化遗产传播的范围。

(三)通过跨界融合的方式实现非遗文化保护创新

非物质文化遗产诞生于人民群众中,也只有充分融入人民群众生活中才能保持其鲜活性,才能不被历史长河所淹没。① 非物质文化遗产要想真正地融入人们的生活,那么,其就应该与现代生活相联系。在中国信息技术不断发展的今天,非遗保护手段更加多种多样,数字技术开始被应用在非遗保护工作中,这能让人们从深层次上了解非遗的内涵,也能更好地让非遗这种传统文化与现代文明实现交织。非遗传承可通过跨界融合的方式来实现,"非遗+"作为非遗文化保护的创新方式,为中华优秀传统文化注入了新活力,同时也激发出无限的可能性。"非遗+教育""非遗+旅游""非遗+文创""非遗+直播""非遗+会展""非遗+研学""非遗+养生""非遗+扶贫"等模式可以让人民群众真正成为非遗保护的主体。比如青海为决胜脱贫攻坚,助力乡村振兴战略,积极发挥民族文化资源特色和优势,大力推动"青绣"传统文化创造性转化、创新性发展,拟将"青绣"打造成为展示非遗保护成果、弘扬核心技艺、助力乡村振兴战略、促进民族团结、推动文旅发展的特色产业,积极探索"青绣+直播"等模式,在带动人民群众奔小康的道路上取得了可圈可点的成绩,同时,积极探索了青海乡村振兴战略的新路径。

第四节 与动漫产业融合

一、用动漫方式对非物质文化遗产进行保护的价值

现在,不少年轻人对非物质文化遗产已经没有了浓厚的兴趣,他们中的许多人甚至根本就不了解非物质文化遗产。在这种情况下,可以将非物质文化遗产保护与年轻人喜欢的动漫结合起来,用动漫吸引年轻人的目光,从而使其能在非物质文化遗产保护工作中贡献自己的力量。非物质文化遗产形式众多,在利用动漫保护非物质文化遗产的过程中,也应探索更多的动漫形式。利用动漫手段保护非物质文化遗产,主要能产生以下几方面的价值。

(一)科研价值

中国非物质文化遗产中有着不少经典的故事,这些故事经过提炼,能以动

---

① 胡静.新时代非物质文化遗产活态传承与传统文化保护探析[J].文化学刊,2022(10):22-25.

漫的形式展现出来。

这些动漫作品有《哪吒闹海》《西游记》等,是中国传统文化的体现,更充满了中国气息、中国色彩,是非物质文化遗产的较好保护形式。除了将传统故事以动漫形式搬上荧幕,一些动漫公司更是尝试将传统故事用游戏的方式呈现出来,耳熟能详的游戏产品有《花木兰》《三国志》等等,创造灵感皆源于传统故事,获得了较大的成功,也让传统故事再次展现在人们面前,收获了一大批忠实玩家。不论是动漫影视还是动漫游戏,其都可以将具有中国特色的音乐、文化等内容展现出来,而这其中也会融入不少非物质文化遗产这一传统文化,因而借助动漫这种青少年喜欢的媒介也能促进非物质文化遗产的保护与传播。

(二)社会价值

在现实生活中,非物质文化遗产的保护需要从生活细节进行渗透。[①] 非物质文化遗产只有与人们产生紧密的联系,其才能在深入人们生活的同时获得传承与发展。倘若非物质文化没有与人产生联系,那么,其就会失去发展的活力,所谓的保护与传承也就没有现实意义了。把非物质文化遗产与人们的日常生活结合在一起,能显著促进非物质文化遗产的保护与传承。动漫领域的发展前景很好,有着诸多可探索的内容与形式。利用动漫来展现非物质文化遗产,能使其变得更加立体,也能让青年人通过动漫了解中国传统文化,进而增强对中国传统文化的认同感,并自觉传承非物质文化遗产。

(三)传播价值

动漫作为当代生活、娱乐、传媒的信息符号,在科技、文化、生活各个领域创造了巨大的价值。动漫占用的储存空间仅为位图的几千分之一,并且在不影响画质的前提下可根据用户浏览器灵活地放大或缩小,非常适合在网络上传播。[②] 动漫是一种文化传播载体,它有着极强的兼容性特点。在互联网时代,动漫获得了广泛的受众。利用能给予人们丰富感官刺激的动漫以保护与传承非物质

---

① 魏东.关于数字动漫在非物质文化遗产保护中的应用研究[J].艺术评鉴,2020(9):14-15.

② 唐思浩,潘熊正春,戴文霞.非物质文化遗产动漫化传承可行性探析[J].传媒论坛,2019(4):58-59.

文化遗产,可以拉近人们与非物质文化遗产的距离,也能让人们从深层次上认识与了解非物质文化遗产。

(四)产业价值

动漫与非物质文化遗产的融合现阶段已经形成一种产业链,且发展得相对比较成熟,各种民间故事、传统戏剧都在动漫中被体现了出来,且产生了很大的商业价值。中国动漫产业的发展其实并不需要一味地效仿西方动漫产业,其对非物质文化遗产的挖掘与利用恰恰就是其发展的可行性道路。孙悟空、哪吒等都是人们耳熟能详的民间故事中的人物,利用他们进行动漫设计,保护与传承非物质文化遗产,能使其获得更好的保护与传承。现阶段,国产动漫获得了不错的发展,深受年轻人的喜爱,非遗保护工作人员应该认识到这一点,应该将非遗保护工作与动漫产业发展相结合,从而使非遗在实现保护的同时也能创造经济效益。

二、数字动漫在非物质文化遗产保护中的具体应用

(一)将非物质文化信息进行动漫改编

运用动漫手段保护与传承非物质文化遗产最有效的一种方法其实就是对非物质文化遗产信息进行动漫改编,比如,《神笔马良》《小蝌蚪找妈妈》等就是不错的改编。通过设计鲜明的角色、丰富的故事情节,结合剪纸艺术、水墨画等传统艺术,实现了非物质文化遗产与动漫的有效结合,这在促进动漫产业发展的同时,也促进了非物质文化遗产的保护与传承。

(二)开展技术与人文相结合的非遗动漫创作研究

通过采访非遗传承人、调研动漫企业,明确不同类型的动漫的风格与形式,创造性地在动漫中融入非物质文化遗产要素,能实现基于非物质文化遗产的动漫产品的有效开发。而且,中国非物质文化遗产都是中华优秀传统文化的重要组成部分,因而在将其转化为动漫时,其往往就能发挥传播正能量作用,这就能有效促进非物质文化遗产的保护与传承。注重非遗动漫创作过程建设,就动漫创作而言,通过技术与剧本相结合理念的强化与实施,从动漫制作前期策划、中

期制作、后期合成三大块去研究非遗动漫所具备的特性关系。①

(三)发展非物质文化创意产业

数字技术在非物质文化保护工作中展现了自己的价值,同时,动漫与非物质文化遗产保护工作的结合也离不开数字技术。比如,在保护剪纸、刺绣等非物质文化遗产时,工作人员可以利用大数据技术挖掘相关资源,同时利用虚拟现实技术完成动漫人物模型的清晰展现,这样,非物质文化遗产要素就能从动漫人物的服饰、头饰等展现出来。非物质文化遗产与动漫的结合其实就是非物质文化遗产保护与传承工作中创意要素的融合,这有利于促进非物质文化创意产业的发展。

(四)拓展动漫其他领域保护

数字动漫在保护非物质文化遗产方面不能仅仅体现为与非物质文化遗产动漫产品的开发与制造,而是应该在动漫不同领域实现非物质文化遗产的传承与保护。比如,可以开展有效的数字动漫主题活动,可以拍摄短片宣传数字动漫,因为这些数字动漫凝聚了不少非物质文化遗产,因此,在动漫得以被广泛传播的同时,非物质文化遗产也能获得广泛传播。另外,非遗保护工作人员还可以与动漫企业加强技术合作,利用其技术开发非物质文化保护APP,从而让年轻人在观看动漫作品的同时,也能加深对非物质文化遗产的认识与理解。当然,为了进一步促进非物质文化遗产的传播,笔者认为,还可以利用数字动漫技术建立非物质文化遗产资源平台,并在分析不同年龄阶段的人群的实际需求的基础上,向其针对性提供非物质文化遗产资源。通过这一系列的举措,非物质文化遗产就会获得不错的保护与传承。

三、数字动漫方式保护与传承非物质文化遗产的实例——邵阳布袋戏的保护与传承

(一)邵阳布袋戏文化元素应用于动画作品

实现邵阳布袋戏的动漫化创新,意味着将邵阳布袋戏作为动漫产业的文化

---

① 邓飞.基于"非遗+"动漫结合的非物质文化遗产保护与传承的探索[J].传播与版权,2019(7):130-131.

资源和创意来源,纳入动漫产业中。邵阳布袋戏产生于劳动人民的日常生活和劳动中,富有浓郁的生活气息,至今仍然保留了传统布袋戏原汁原味的特点,这种独具魅力的民间艺术对于制作浓郁本土风格的动画作品,有着重要的借鉴价值。

民族性作为国际化基石,是我国动画片获得世界认可的关键。中国动画要想立足于世界动画之林,只有走民族本土化的道路。自从进入电脑动画时代,国产动画不复昔日荣光,普遍存在故事情节简单,原创性缺失,造型风格一味模仿欧美、日韩动画的弊病。我们有着丰富多彩的戏剧形式,应该从传统戏剧文化中汲取养分,扎根于本土,创作出民族风格浓郁的动画角色。

(二)邵阳布袋戏的动漫玩偶产品开发

以邵阳布袋戏木偶的传统技艺制作动漫玩具、模型等衍生品,增加邵阳布袋戏木偶艺术在当代社会中的合理利用途径,丰富当地的文化创意产品市场。目前,很多戏剧中的角色都开发出相应的玩偶。

邵阳布袋戏一直是家族式小范围传承模式,戏偶和戏台也是一代代传下来,有些戏偶在数百年的传承过程中已经损坏或者遗失,便由当今的传承人自己雕刻补缺。由于艺人的文化程度和审美眼光均不高,在戏偶的造型和雕刻上略显稚拙。在开发邵阳布袋戏偶产品的过程中,应从动漫产业角度分析邵阳布袋戏艺术的审美特点,总结动漫创作符号。

台湾霹雳布袋戏是动漫产业化的成功案例,在邵阳布袋戏偶的开发过程中,可以对其造型适度进行动漫化的设计,这样更能为年轻群体所接受。首先,应改变传统布袋戏偶老旧的着装风格,在布料、面料、款式、工艺等方面要更为考究,注入动漫特色。注重服饰的整体性,将角色和服饰整体统一起来,绚丽多彩的服饰能对人物起到烘托作用。服饰要与角色的相貌、发型、身材等相统一。其次,在脸谱的绘制上,传统邵阳布袋戏偶的眼、口、鼻等五官全部采用颜料绘制,比较平面化,在进行动漫设计过程中,可以增强面部的立体结构,使人偶面部轮廓分明,显得更为精致。

四、非物质文化遗产资源在动漫产业中应用存在的问题

虽然非物质文化遗产与动漫的结合前景广阔,但现今也出现了很多问题,目前的国产动漫作品,内容是很大的问题,往往盲目套用日、美动漫剧情,将其

中改造过的中国元素照搬回来,或者故事本身叙事性不强,只靠着文化遗产作为噱头,吸引不了观众;对文化遗产元素使用死板,缺乏创意;画质粗糙的作品充斥市场,精品较少,一些作品虽加入中国文化元素,却是日、美的造型,东拼西凑、不中不洋,涉及文化遗产的部分通常说教过多,破坏了剧情的完整性,故事内容倾向低龄化,但很多时候低龄儿童反而看不懂。解决的关键首先在于提升内容的可看性,只有好的故事才能吸引人。非物质文化遗产中有大量优秀的民间文学和戏曲故事,这都可以作为动漫创作的土壤。而且动漫本身应以娱乐性为主,过去很多动漫作品为教育而教育,往往陷入简单说教,事实上民间文化本身就是产生于人类文化的蒙昧期,有着大量夸张的表现形式、原始快乐的表达氛围,这些更适合用动漫来表现。

中国的动漫产业想要做大做强需要形成中国特色,使用非物质文化遗产资源可以提供优秀的题材和民族特色鲜明的制作技术,同时也为相关遗产项目提供传承发展空间,提升其在青少年群体中的关注度和普及度,共同建设文化事业大繁荣的局面。

参考文献

[1][美]哈迪斯蒂.生态人类学[M].郭凡,邹和,译.北京:北京文物出版社,2002.

[2]包峰.影视艺术对非物质文化遗产保护的作用及途径[J].艺术研究,2021(3).

[3]蔡丰明.非物质文化遗产保护与文化生态保护区建设[J].上海视觉,2022(1).

[4]蔡梦月.民间口传文化的保护记录与活态传承策略[J].区域治理,2019(39).

[5]陈奥琳,王庆.传统表演艺术的当代价值及其转换路径——以土家族舞蹈为例[J].原生态民族文化学刊,2021,13(4).

[6]陈剑宇.基于非物质文化遗产保护理念的我国传统音乐传承与发展研究[M].长春:吉林人民出版社,2021.

[7]陈梅芳.浅析影视传播对非物质文化遗产的保护及宣传[J].环球首映,2021(5).

[8]陈姗姗.非物质文化遗产在高校美育中的价值[J].文化创新比较研究,2023(28).

[9]陈育荣.非物质文化遗产在高校美育中的价值及其实施路径[J].天津中德应用技术大学学报,2023(3).

[10]程平.大数据智能风控[M].大连:东北财经大学出版社,2022.

[11]程永胜,陈金子,黄奕洁,朱丽云.非物质文化遗产的活态化传承和产品化路径研究[J].南京理工大学学报(社会科学版),2022(1).

[12]仇兵奎.非物质文化遗产保护方式的演变及优化[J].晋中学院学报,2023,40(4).

[13]仇兵奎.非物质文化遗产整体性保护效果评价体系[J].晋中学院学

报,2018(4).

[14]楚国帅.非物质文化遗产生产性保护的创意维度思考[J].非物质文化遗产传承研究,2019(2).

[15]邓飞.基于"非遗+"动漫结合的非物质文化遗产保护与传承的探索[J].传播与版权,2019(7).

[16]段晓卿.系统视角下的非遗保护审视[J].系统科学学报,2021,29(4).

[17]范琼.非物质文化遗产融入高校思政教育的四维审视[J].惠州学院学报,2023(1).

[18]葛武豪,肖洪磊,付育媛.非物质文化遗产的生产性保护研究综述[J].文化创新比较研究,2022,6(32).

[19]郭嘉.非物质文化遗产项目生产性保护路径探析[J].卷宗,2020,10(16).

[20]哈乐,张虹,黄山涯.景德镇陶瓷非物质文化遗产的数字化保护[J].中国陶瓷工业,2020(2).

[21]胡静.新时代非物质文化遗产活态传承与传统文化保护探析[J].文化学刊,2022(10).

[22]胡潇潇.知识产权视域下的我国非物质文化遗产传承制度论析——以湖南省为例[J].武汉理工大学学报(社会科学版),2020,33(6).

[23]胡义秀,胡丽婷.传统制造技艺类非遗生产性保护与文化创意产业发展[J].天工,2023(24).

[24]黄德林.鄂西北农村文化调查[M].武汉:湖北人民出版社,2019.

[25]黄松.世界遗产概览[M].上海:同济大学出版社,2021.

[26]黄忠,郭红霞.黄冈非物质文化遗产保护与开发利用研究[J].黄冈职业技术学院学报,2023(5).

[27]冀加梅.基于文化旅游视角的非物质文化遗产保护研究[J].漫旅,2023(22).

[28]鞠月.中国传统工艺与非物质文化遗产的传承研究[M].长春:吉林科学技术出版社,2022.

[29]李娜.黑龙江省非物质文化遗产法律保护问题研究[J].黑河学院学报,2019,10(4).

[30]李雅筝,周轩.虚拟现实技术在非物质文化遗产保护与传承中的应用

[J].科教文汇,2022(16).

[31]刘焕利.我国少数民族民间文学的保护与传播研究[J].齐齐哈尔大学学报(哲学社会科学版),2023(3).

[32]刘静江.基于大数据时代背景下非物质文化遗产数字化保护研究[J].梧州学院学报,2018(2).

[33]刘立云,贺云翱.传统技艺类非遗传承发展的三重价值[J].人民论坛,2022(24).

[34]刘卫华.湘西民族体育非物质文化遗产数字化保护路径[J].当代体育科技,2022(34).

[35]柳福东,罗静.民法典视域下非物质文化遗产保护问题研究[J].河北科技大学学报(社会科学版),2023,23(2).

[36]卢杰,李昱,项佳佳.非物质文化遗产濒危评价及数字化保护研究[M].武汉:华中科技大学出版社,2018.

[37]陆平章.抢救性保护非物质文化遗产的实践分析[J].文艺生活(中旬刊),2019(5).

[38]穆赤·云登嘉措,张静.西藏非物质文化遗产法律保护的路径研究[J].西藏研究,2023(1).

[39]逄书超.非物质文化遗产与高校大学生美育的融合研究[J].天工,2023(20).

[40]彭莹.乡村振兴战略与非物质文化遗产保护问题探论[J].上海城市管理,2018,27(4).

[41]齐强军,齐爱民,赵敏,等.少数民族非物质文化遗产保护问题研究[M].北京:中国法制出版社,2022.

[42]全小国,苑利.非物质文化遗产系统性保护研究[J].东南文化,2023(4).

[43]任思远,高梦.文化遗产保护与开发利用[M].天津:天津科学技术出版社,2023.

[44]宋俊华.可持续发展理念与非物质文化遗产系统性保护[J].文化遗产,2023(3).

[45]孙境泽,徐昌斌.民族民间工艺美术非物质文化遗产保护策略[J].山东农业工程学院学报,2023,40(6).

[46]覃翔楠.非物质文化遗产保护的立法决策[J].文化产业,2023(17).

[47]汤书昆,郑久良.徽州文化生态保护实验区"非遗"活态保护现状研究[M].合肥:中国科学技术大学出版社,2020.

[48]唐思浩,潘熊正春,戴文霞.非物质文化遗产动漫化传承可行性探析[J].传媒论坛,2019(4).

[49]田艳,艾科热木·阿力普.《文化遗产保护法》的统一立法模式考量[J].西南民族大学学报(人文社会科学版),2019,40(2).

[50]万鹏远."非物质文化遗产后"时代抢救性记录的必要性及实施路径分析[J].天工,2023(24).

[51]汪淳.非物质文化遗产的数字化保护[J].中国民族博览,2020(9).

[52]汪丽影.日语社会语言学研究[M].南京:东南大学出版社,2022.

[53]王丹丹.中国传统音乐表演艺术实践研究[J].艺术评鉴,2022(1).

[54]王洪涛,李山岗.知识产权视野下非物质文化遗产保护研究[J].长治学院学报,2019,36(5).

[55]王思源.非物质文化遗产融入高校思想政治教育研究——以其价值及路径为重点[J].山西经济管理干部学院学报,2021(2).

[56]王素春.中外非物质文化遗产生产性保护实践与探索[J].卷宗,2020,10(14).

[57]王晓芳.地域民俗非物质文化遗产活态化保护研究[M].重庆:重庆出版社,2023.

[58]王燕.苏州市非物质文化遗产保护立法与管理体系建立的理论依据与实践[J].苏州教育学院学报,2022,39(1).

[59]王宇,姜宇飞,张瑶,等.高校图书馆空间嬗变轨迹[M].北京:冶金工业出版社,2021.

[60]王运良.文化遗产旅游开发与提升要素研究[J].中国名城,2023,37(2).

[61]王智民.非物质文化遗产数字化保护及其应用分析[J].文物鉴定与鉴赏,2020(23).

[62]魏东.关于数字动漫在非物质文化遗产保护中的应用研究[J].艺术评鉴,2020(9).

[63]吴梦龙."互联网+"时代非物质文化遗产的数字化保护与传承[J].青

岛大学学报(自然科学版),2018(A1).

[64]徐硕.影视艺术对非物质文化遗产保护的作用及途径[J].记者观察,2021(35).

[65]严宽荣,林婉玲.非物质文化遗产保护与旅游协同发展探讨[J].合作经济与科技,2021(4).

[66]杨智宏.城市化进程高歌猛进下的农村群体性非遗项目将何去何从?[J].中国民族博览,2023(5).

[67]姚翊姁.浅议民间工艺美术的审美意蕴[J].艺术家,2021(9).

[68]叶克军.文旅融合视角下的非物质文化遗产的保护与传承[J].黑河学院学报,2021(11).

[69]叶萍,李敏.对非物质文化遗产融入高校思想政治教育的思考[J].黑河学刊,2021(2).

[70]易善炳.人工智能在非物质文化遗产保护中的运用[J].科学经济社会,2020(1).

[71]张迪.非物质文化遗产多元化法律保护研究[J].法制博览,2023(4).

[72]张晴.非物质文化遗产融入高校思政教育的思考[J].大众文艺,2024(4).

[73]张潇予.民间工艺美术的审美意蕴阐述[J].流行色,2021(3).

[74]张燕峰.非物质文化遗产保护主体研究[J].文化学刊,2021(6).

[75]张志颖.非物质文化遗产整体性保护的中国实践——国家级文化生态保护区建设成效与问题探究[J].青海民族大学学报(社会科学版),2021(3).

[76]赵尔文达."文化生态保护区"研究:现况与展望[J].青海民族大学学报(社会科学版),2021,47(4).

[77]赵诗杨.云贵两省非物质文化遗产法律保护比较研究[J].贵州民族研究,2019,40(9).